Herstellung und Verlag:
Books on Demand GmbH, Norderstedt
ISBN: 978-3-8391-3042-1

Inhalt

Danksagung

Bedanken und entschuldigen möchte ich mich bei meiner Mischlings Hündin Rica, die mit ihrer Liebenswürdigkeit, Gelassenheit und Souveränität meine ständigen Übungen und Demonstrationen erduldete und mir somit eine große Hilfe war.
Den größten Dank schulde ich jedoch meinen Eltern und meiner Familie die mich in jeder Lage bestmöglich unterstützen und unterstützt haben.

Vorwort

Leider ist selten ein Tierarzt anwesend, wenn ein Unfall mit dem eigenen Haustier passiert. Gerade bei Hunden passieren die meisten Unfälle beim Spaziergang. Stürze, Beißereien oder Autounfälle sind stets zu erwarten. Aber auch im eigenen Haushalt ist Gefahrenpotential vorhanden. Oft besteht keine Möglichkeit, das Tier sofort zum Tierarzt zu bringen. Daher sollte jeder Halter eines Haustieres in der Lage sein, seinem Haustier im Notfall Erste Hilfe zu leisten.

Unwissenheit und die Angst, etwas falsch zu machen, sind bei jeglicher Art von Notfällen ein Risiko und können zu weiteren Schäden führen. Verletzte Tiere reagieren aus Angst und Selbstschutz im Allgemeinen anders als gesunde und können auch gegenüber ihrem Halter aggressiv werden. Mit diesem Buch gebe ich einfache aber verlässliche Tipps und Tricks beim Leisten von Erster Hilfe am geliebten Haustier.

Ich gehe auf Ursachen und Maßnahmen ein, und erleichtere das Verständnis durch Abbildungen, die leicht und ohne Zuhilfenahme von Medikamenten durchgeführt werden können.

Natürlich soll dieses Buch niemals den Gang zum Tierarzt ersetzen. Im Gegenteil, der Gang zum Tierarzt ist stets die beste Lösung. Jedoch ist er leider nicht jedem und nicht immer sofort möglich.

Im ersten Kapitel werden allgemeine Dinge besprochen, die unter anderem dem Eigenschutz aber auch dem Schutz des Tieres dienen. Außerdem gehe ich auf die Anatomie der Tiere ein.

In den Kapiteln zwei bis fünf werden schwere und lebensbedrohende Verletzungen sowie Störungen der Vitalfunktionen wie Bewusstseinsstörungen, Atemnotfälle und das Herz-Kreis-Lauf-System behandelt.

Auf Verletzungen die durch äußere Einwirkungen und Vergiftungen hervorgerufen werden, wird in den Kapiteln sechs bis neun eingegangen.

In Kapitel zehn erläutere ich kurz die Geburt.

In den letzten beiden Teilen werden einige Themen für spezielle Hilfeleistungen bei Kleinsäuger und Vögel wiederholt.

1. Grundsätzliches

1.1 Eigenschutz

Der Helfer muss immer darauf achten, dass er durch sein Handeln sich oder andere nicht in Gefahr bringt. Manchmal kann der Notruf die einzige und sinnvollste Maßnahme sein.

Auch muss man stets darauf achten, dass die nötigen Schutzimpfungen regelmäßig erneuert werden. Informationen dazu erhält man von ihrem Hausarzt.

1.1.1 Verkehr, Absicherung und Vorgehen am Unfallort

Viele Unfälle mit Haustieren passieren im Straßenverkehr. Besonders Hunde und Katzen sind hier betroffen. Sowohl als Führer eines Kraftfahrzeugs aber auch als Halter eines Tieres muss man wissen, wie man Erste Hilfe am Tier leistet.

Um zu verhindern, dass weitere Unfälle geschehen und Personen verletzt werden, muss vorrangig zur Ersten Hilfe, der Unfallort abgesichert werden. Dies ist nach der StVO gesetzlich geregelt. Am Fahrzeug wird das Warnblinklicht eingeschaltet und der Kofferraum als Blickfang geöffnet. Das Warndreieck muss hinter dem Unfallfahrzeug in ausreichendem Abstand aufgestellt werden. Hier gilt:

- in Ortschaften 50m
- auf Landstraßen 100m
- auf der Autobahn 100 – 150m

Bei Unfallorten, die schlecht einsehbar sind, wird das Warndreieck vor dem Sichthindernis aufgestellt. Bei Gegenverkehr sollten beide Fahrtrichtungen gesichert werden. Auf dem Weg zum Aufstellort sollte man, wenn möglich, hinter den Leitplanken laufen und dem Verkehr das Warndreieck präsentieren.

1.1.2 Einfangen und Transport von Wildtieren

Wenn man ein verletztes Wildtier auffindet, ist stets besondere Vorsicht geboten. Das Tier kann krank und/oder aggressiv sein.

Außerdem werden Menschen von Wildtieren als Gefahr angesehen, so dass diese Tiere stets versuchen werden, sich mit besten Kräften zu verteidigen. Wird man trotz aller Vorsicht doch gebissen, ist ein Gang zum Hausarzt nötig.

1.1.2.1 Vorsichtsmaßnahmen

Bevor man sich einem Tier nähert, muss man sich des Risikos, das mit der Rettung verbunden ist, im Klaren sein. Die größten Gefahren liegen im Angriff der Tiere durch Beißen und Kratzen sowie in der Übertragung von Krankheiten auf den Menschen.

Aus einiger Entfernung stellt man zunächst fest, im welchem Zustand (Lebhaftigkeit) sich das Tier befindet. Wie es auf einen Menschen reagiert und ob es ein Räuber ist. Nur so kann man beurteilen, ob und wie es evtl. angreifen und sich verteidigen wird. Generell sind Raubtiere gefährlicher als andere Tiere und ein in der Falle gefangenes Tier kann sehr aggressiv sein, selbst wenn es schwer verletzt ist. Besondere Vorsicht ist geboten, wenn ein (Raub-)Tier nicht wegläuft, sondern sich dem Menschen nähert, denn Furchtlosigkeit ist das erste Tollwutsymptom. Bevor man ein Tier anfasst, sollte man es erst vorsichtig mit einem Stock anstupsen, um, aus einigem Abstand, festzustellen wie angriffs-lustig es ist.

Die folgende Tabelle 8.1 zeigt einige der möglichen Krankheiten, ihre Erreger und die Übertragungsart:

Krankheit	Übertragung
Tollwut Viruserkrankung,	Biss- und Kratzwunden
Tularämie (Hasenpest) Bakterielle Erkrankung	Kleine Hautverletzun-gen, über die Luft, Parasiten
Tuberkulose bakterielle Erkrankung	Kontakt und über die Luft
Leptospirose Bakterielle Erkrankung	Kontakt, kleine Wunden, Verzehr
Krätze Von Milben verursachte Hautkrankheit	Kontakt

Tabelle 8.1

1.1.2.2 Gefahren beim Ergreifen

Jede direkte Bewegung und jeder Blick zum verletzten Tier wird von diesem als Angriff eines Raubtieres angesehen. Man sollte sich daher möglichst von der Seite annähern und das Tier nicht anstarren. Ebenso wichtig ist es zu wissen, wie sich das Tier verteidigt, um auf einen möglichen Angriff gefasst zu sein. Bei einem Vogel geht die Gefahr stets vom Schnabel und den Klauen aus. Ist der Schnabel weit geöffnet droht das Tier mit einem unmittelbar bevorstehenden Angriff. Die Klauen können besonders bei Greifvögeln tiefe Wunden hinterlassen und man kann sich nur schwer von ihnen befreien. Viele Greifvögel stellen sich tot, wenn sie nicht fliehen können. Dabei liegen sie mit geöffnetem Schnabel bewegungslos da. In diesem Fall ist äußerste Vorsicht geboten. Auch Flügelschläge können zur Verteidigung eingesetzt werden.

Säugetiere verteidigen sich in der Regel mit ihren Zähnen, Krallen, Hörnern oder Stacheln. Speziell vor den Bissen von Nagetieren, Hasen und Raubtieren muss man große Achtung haben.

Hörner sind die Waffen von Hirschen und Rehen.

Vor den Stacheln eines Igels schützt man sich am besten durch dicke Lederhandschuhe.

1.1.2.3 Ergreifung und Umgang

Beim Umgang mit wilden Tieren darf man nie übereilt handeln und muss seine Handlungen immer überdenken. Man sollte immer Handschuhe tragen und Verletzungen umgehend desinfizieren. Nestlinge z.B., lässt man am besten dort, wo man sie gefunden hat und hält Abstand. Man kann sie allerdings vor Räubern schützen. Meistens finden die Eltern ihren Nachwuchs von allein wieder. Jedoch verlassen sie ihn, wenn dieser den Geruch eines Menschen trägt. Daher darf man gefundene Tiere so wenig wie möglich berühren und schon gar nicht versuchen sie zu zähmen.

Beim Umgang mit wilden Tieren muss man sich immer so ruhig wie möglich verhalten und schnelle plötzliche Bewegungen und laute Schreie vermeiden.

Um große Vögel zu ergreifen wirft man ihnen eine Decke über, bei kleinen reicht ein Pullover oder Handtuch. Mit leichtem Druck von den Seiten kann man sie weitgehend bewegungslos halten. Nun wird die Decke langsam angehoben und der Kopf freigemacht. Mit einem Taschentuch kann man die Augen des Tieres verbinden, man muss nur darauf achten, dass man weder verletzt wird noch dem Tier die Nasenlöcher verschließt.

Kleinsäuger sind oft schwer zu fangen, da sie klein und schnell sind. Langschwänzige Tiere ergreift man am Schwanz und hält sie kopfüber möglichst vom eigenen Körper entfernt. Andere Tiere mit kurzem Schwanz packt man am Nacken.

Angehörige der Marderfamilien und Eichhörnchen sind oft „bösartig" und sehr gefährlich. Sie lassen einen Menschen nur dann an sich, wenn sie sehr geschwächt sind. Mit einem Netz (Vorsicht hier kann sich das Tier in den groben Maschen weitere Verletzungen zufügen) oder einer Decke unterdrückt man ihre Abwehrbewegungen.

Hasen und Kaninchen packt man an beiden Ohren, niemals nur an einem, und an der Haut des Rückens.

Dachse und Füchse sind besonders gefährlich. Niemals sollte man direkten Kontakt haben. Das Fangen solcher Räuber überlässt man am besten dem Förster oder der Feuerwehr, die geeignete Fangstöcke haben.

1.1.2.4 Transport

Man muss stets einen passenden Behälter wählen. Bei zu kleinen Boxen ist die Gefahr, dass vor allem kleine Tiere gequetscht werden. Bei zu großen könnten sie hin und her geschleudert werden. In dem Behälter muss ausreichend Luftzirkulation stattfinden, damit die Tiere nicht ersticken. Bei Nagetieren muss beachtet werden, dass das Behältnis nicht zu schnell durchgenagt werden kann – hier empfehlen sich Holzkisten. Wenn man ein Tier mit einer Decke oder einem großen Tuch einfängt, ist es ebenfalls wichtig, dass das Tier mit genügend Luft versorgt wird. Gegebenenfalls. muss der Kopf rausschauen können.

1.1.2.5 Artenschutz

Wenn man ein Wildtier einfängt, darf man nicht vergessen, dass von Land zu Land unterschiedliche Gesetze zum Artenschutz gelten. Oft ist es verboten, geschützte Wildtiere außerhalb der Jagdzeiten mitzunehmen. Dies gilt als Wilderei. Auch aus diesem Grund müssen gefangene Tiere so schnell wie möglich wieder frei gelassen werden. Ein Gang zum Tierarzt ist unumgänglich. Außerdem muss man die zuständige Behörde davon unterrichten. Leider werden Tiere oft aus Unwissenheit aus ihrem Lebensraum gerissen. Um in der Natur und an dem Tier keine unnötigen Schäden zu verursachen, sollte man stets einen Tierarzt oder die Behörden um Rat bitten. Tierheime können hier vermitteln.

1.1.2.6 Streuner

Auch streunende Haushunde oder –katzen können, obwohl zunächst zutraulich, gefährlich sein. Die Gefahr einer Tollwutinfektion ist groß. Am besten werden verwilderte Haustiere mit der gleichen extremen Vorsicht wie Wildtiere behandelt.

1.1.2.7 Abwehr aggressiver Tiere (Hunde)

Ich gehe speziell auf Angriffe von Hunden ein, da hier Fehlverhalten und Unwissenheit zu schweren Verletzungen, ja sogar zum Tod führen können. Leider sind es auch Kinder, die am häufigsten betroffen sind. Außerdem möchte ich noch kurz einbringen, dass es keine bösartigen oder bösartig-aggressiven Tiere gib! Tiere egal welcher Art oder Rasse kennen weder Gut und Böse noch Richtig und Falsch. Sie werden, meist vom Menschen, geprägt und erzogen, manchmal falsch oder nicht artgerecht, was zu Fehlverhalten im menschlichen Sinne führt. Wenn ich in diesem Abschnitt von aggressiven Tieren spreche, so beziehe ich dies auf situationsbedingtes aggressives Verhalten. (territoriale Aggressivität, soziale Fehlprägung, jagdlich motivierte Aggressivität, Angst,…).
Am allerwichtigsten ist es, beim Angriff eines Hundes keine Panik zu zeigen. Dies ist natürlich einfacher gesagt als getan. Es gibt Menschen die stets im Umgang mit Tieren souverän und oft auch unbedacht selbstsicher sind. Und es gibt Menschen die für einen Hundebiss scheinbar prädestiniert sind. Die haben oft schon negative Erfahrungen mit Tieren gehabt und zeigen deutliche Angst und Unsicherheit. Ein Tier erkennt dies, wird selbst unsicher und beginnt zu drohen und sich selbst zu schützen..
Doch wie verhält man sich, egal ob man Angst hat oder nicht?
Auf keinen Fall darf man weg rennen, es sei denn, man kann sich dadurch schnell in Sicherheit bringen. Eine Flucht löst unweigerlich den Angriff aus. Man muss also stehen bleiben oder sich langsam und ruhig weg bewegen. Sollte der Hund nicht mit dem Drohen aufhören, darf man ihn nicht anstarren, sondern man schaut weg und tut so als wäre man mit etwas ganz anderem beschäftigt. Wenn möglich greift man einen festen Stock oder Gegenstand, um sich das Tier vom Leibe zu halten, wenn es angreift. Jedoch darf man ihm nie den Rücken zukehren. Tiere kennen kein „Fair Play" und greifen ohne zu zögern von hinten an. Vielmehr sollte man auf es zu gehen und mit dem Gegenstand zuschlagen. Hat man zwei Stöcke, kann man den Angreifer in den einen Stock

beißen lassen und mit dem zweiten zuschlagen. Hat man keine Gegenstände zur Hand, muss man versuchen, den Hund mit festen Fußtritten zu schädigen. Oder, bei großen Hunden, greift man beidseitig den Kopf, wo der Hals anfängt, und hebt ihn, wenn möglich, hoch. So kann man das Tier bis zum Eintreffen von Hilfe am Beißen hindern. Ansonsten versucht man, ihn über das nach vorne gestellte Bein zu Fall zu bringen und drückt ihn zu Boden. Dabei kann man die Nasenlöcher zuhalten. Nach etwa einer halben Minute wird das Tier bewusstlos sein.

Hat das Tier bereits zugebissen, darf man auf keinen Fall versuchen, den Arm oder das Bein loszureißen. Dadurch würde er nur fester zupacken. Ist man dabei womöglich hingefallen und kann sich nicht weiter wehren, muss man sich möglichst wenig bewegen, zerren, strampeln oder schreien. Am Besten ist es, wenn man sich hinhockt, aufgestützt auf Knie und Ellenbogen, den Kopf zwischen die Arme streckt und die Hände über Kopf und Nacken hält. Schreie treiben den bereits hemmungslos angreifenden und kämpfenden Hund nur weiter an. Allerdings hilft vor dem Angriff lautes Gebrüll gegenüber dem Tier. Show kann schon der halbe Sieg sein.

1.2 Erste-Hilfe-Kasten

In jedem Haushalt sollte ein Erste-Hilfe-Kasten vorhanden sein und auch auf Reisen oder Ausflügen mitgeführt werden, damit man, bei Un- und Notfällen im Wald oder fernab von Straßen, sofort die richtigen Hilfsmittel zur Verfügung hat. Fertige Kästen für Kraftfahrzeuge sind im Handel erhältlich. Im Allgemeinen ist es jedoch sinnvoller, den Inhalt des Kastens selbst zusammenzustellen. Dies gilt natürlich nicht für den gesetzlich vorgeschriebenen Erste-Hilfe-Kasten im Fahrzeug.

Der Erste-Hilfe-Kasten muss klein und leicht, aber stabil und wasserdicht sein. Hygienebeutel und Tiefkühlboxen können gut als Erste-Hilfe-Kasten genutzt werden.

Die folgenden Instrumente müssen von ausreichend guter Qualität sein und regelmäßig gereinigt und desinfiziert werden, um sie vor Schmutz und Rost zu schützen. Beratung dazu erhalten Sie von ihrem Tierarzt und/oder Apotheker.

Um eine optimale Sterilität zu gewährleisten, muss regelmäßig auf die Verfalls- daten der Hilfsmittel geachtet werden.

Pinzette: Eine Pinzette wird zum Herausziehen von Splittern, Dornen und anderen Fremdkörpern aus kleinen Wunden gebraucht. Zu Empfehlen ist eine Pinzette mit schmaler, abgerundeter Spitze.

Schere: Eine Schere kann zum Zurecht schneiden von Pflastern, Wundverbänden und Verbänden nützlich sein. Sie hilft auch beim vorsichtigen weg schneiden des Fells um eine kleine Wunde. Am sichersten sind hier leicht gebogene Scheren mit abgerundeten Spitzen.

Taschenlampe: Zur genaueren Untersuchung von Ohren, Maul oder Wunden.

Spritze: Zur Eingabe von Medikamenten – nur nach Absprache mit dem Tierarzt – und wenn erforderlich zum Desinfizieren von Wunden. Am besten sind hier 5ml-Spritzen.

Staubinden: Staubinden nutzt man zum Abbinden blutender Gliedmaßen. Im Notfall erfüllen hier auch etwa 30cm lange und stabile Gummibänder ihren Zweck. *Staubinden dürfen nur in Extremfällen verwendet werden. Man muss sich unbedingt merken, zu welcher Zeit abgebunden wurde und sie nach spätestens 10 Minuten wieder lösen!*

Kühlmittel: Als Kühlmittel dienen Eisbeutel, Gefrierakkus oder Eispacks, die im Gefrierfach aufbewahrt werden. Sie sollten jedoch nicht zu groß und unhandlich sein. Auch Eisspray kann genutzt werden. *Keines dieser Kühlmittel darf direkt auf die Haut gelegt bzw. gesprüht werden. Eisbeutel und Gefrierakkus kann man zuvor in ein Tuch einwickeln. Eisspray sollte auf ein Tuch oder eine Kompresse gesprüht werden, die dann aufgelegt wird.*

Desinfektionsmittel: Desinfektionsmittel sollten eine gute antiseptische Wirkung haben. Sie dürfen nicht brennen, um das Tier nicht unnötig aufzuregen.

Mullbinden: Am besten sind hier elastische Mullbinden, 4 und 8 cm breit. Es sollten mindestens zwei vorhanden sein

Kompressen: Kompressen müssen in ausreichender Menge vorhanden sein, da sie nicht nur als Wundauflage sondern auch als Tupfer zu gebrauchen sind. Es empfiehlt sich auch, extra beschichtete Kompressen zu besorgen, die auf Brandwunden von Vorteil sind.

Pflasterstreifen: Sie dienen zur Befestigung von Verbänden und Auflagen.

Dreiecktuch: Stofftuch das man in jedem Erste-Hilfe-Kasten vorfindet. Es dient zum Verbinden und Befestigen.

1.3   Ruhigstellen

Damit an einem Tier Erste-Hilfe geleistet werden kann, muss sich das Tier die Behandlung gefallen lassen. Im Normalfall widersetzt es sich der Behandlung aus Angst und Schmerzen und kann sogar aggressiv reagieren. Auch der gut erzogene Hund kann unerwartet reagieren. Um sich zu schützen und um den Tier eine optimale Behandlung zu gewährleisten, muss der Ersthelfer das Tier mit Zwangsmaßnahmen zum Stillhalten zwingen. Das Tier muss entschlossen, aber nicht grob, festgehalten werden. Zudem wirkt ein fester, sicherer Griff beruhigender auf das Tier als hartes oder nervöses Zupacken.

1.3.1 Hund

Um nicht von einem Hund gebissen zu werden, legt man ihm einen provisorischen Maulkorb um:
Bei kleinen und mittelgroßen Hunden reicht dafür eine Dreiecktuchkrawatte oder ein Stoffstreifen von etwa einem Meter Länge. Bei großen Hunden sollte das Tuch etwa 1,5m Länge haben, hier kann man eine elastische Binde benutzen. Wichtig ist, dass die Tücher oder Bänder weich, rutschfest, stabil und dick genug sind, damit sie nicht reiben und in die Haut einschneiden.

Als erstes knüpft man in der Mitte des Bandes einen einfachen Knoten. Dann streift man es dem Hund bis etwa zur halben Höhe der Schnauze, wobei der Knoten oberhalb liegt, und zieht es fest. Im zweiten Schritt macht man mit den beiden Enden des Bandes einen weiteren Knoten unterhalb des Kinns. Abschließend wird das Band im Nacken mit einem Doppelknoten oder einer Schleife fest gebunden.
Natürlich darf man einem Hund, der an Atemnot leidet oder eine Verletzung an Maul oder Nase hat, niemals die Schnauze zubinden.
Um den Körper des Hundes ruhig zu stellen, legt man ihn nieder oder umgreift ihn:

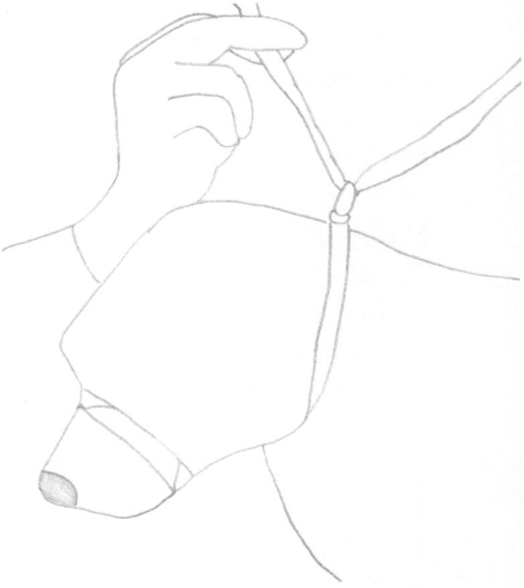

Abbildung 14.1

Wenn die örtlichen Gegebenheiten und die Größe des Hundes es zulassen, kann

14

man den Hund auf einen Tisch setzen, so ist eine Behandlung einfacher und der Hund fühlt sich weiter oben meist sicherer, als zu den Füßen des Helfers. Ist der Hund aber zu groß oder man befindet sich im Freien, lässt man das Tier liegen und deckt es zu, um es vor Kälte zu schützen.

Muss man den Hund zur Behandlung an Bauch, Brustraum, Hinterpfote, Vorder- oder Hinterbein hinlegen, darf man ihn niemals auf die Verletzung legen oder auf diese, durch Berührung Druck ausüben. Um den Hund hinzulegen sind meist zwei Helfer nötig. Dabei stützt einer den Rumpf, während der andere, von der anderen Seite, die Beine unter dem Körper wegzieht (Abb. 15.1). Liegt der Hund, so kniet man sich auf seine Rückenseite nieder, hält mit den Händen die Vorder- und Hinterbeine, an Handwurzel- und Sprunggelenk fest und drückt den Körper mit den Unterarmen an Hals und Hüfte nieder. Zur Behandlung der Vorderpfote reicht es, wenn der Hund sitzt und dabei mit einem Arm umfasst wird. Kopf und Hals werden mit der anderen Hand ruhig gestellt.

Um den Rücken eines Hundes zu behandeln, umgreift man den stehenden Hund von unten an Hals und Bauch und drückt ihn fest an sich (Abb. 15.2).

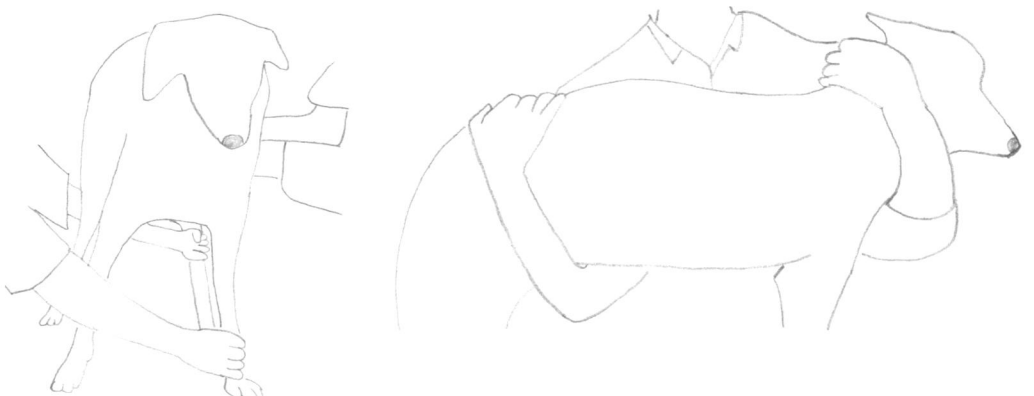

Abbildung 15.1   Abbildung 15.2

Bei einer Behandlung am Ohr umfasst eine Hand die Schnauze von oben und drückt sie nach unten. Um Kopfbewegungen zu verhindern, legt man den freien Arm um Hals und Schulter.

Muss das Auge behandelt werden, umfasst wieder eine Hand die Schnauze, diesmal aber von unten, und drückt sie an sich. Die zweite Hand hält den Kopf ruhig. Ein straffes Zurückziehen der Haut am Hinterkopf erleichtert das Offenhalten der Lider.

1.3.2 Katze

Es ist beinahe unmöglich an einer Katze Erste Hilfe zu leisten, wenn diese sich dagegen sträubt. Aufgrund ihrer blitzschnellen Reaktion ist es nicht damit getan sie ruhig zustellen, man muss sie zum Stillhalten überreden. Dazu sind einige Dinge zu beachten:

Man darf nie Gewalt anwenden, wenn es nicht unbedingt nötig ist, da sich Katzen nur selten einschüchtern lassen. Meistens werden sie unruhig und wehren sich. Außerdem sollte man immer allein vorgehen, zu viele Helfer machen sie noch unruhiger. Zudem muss man Lärm und schnelle Bewegungen vermeiden.

Setzt man die Katze auf einen Tisch, sollte dieser abgeräumt und ohne Tischtuch sein.

Um beim Transport nicht gekratzt zu werden, wickelt man sie, wenn nötig, in eine Decke ein.

Bei der Behandlung darf die Katze sitzen oder liegen, unnatürliche Positionen beim Ruhigstellen sind ebenfalls zu vermeiden.

Mit einer Hand ergreift man im Nacken eine große Hautfalte, möglichst dicht am Kopf und versucht mit der anderen Hand Körper und Gliedmaßen möglichst ruhig zu halten, damit Verletzungen versorgt werden können (vgl. Abb. 16.1 und 16.2).

Abbildung 16.1

Abbildung 16.2

1.3.3 Vogel

Um zu verhindern, dass der Vogel zu flattern anfängt, wenn die Hand in den Käfig gesteckt wird, greift man ihn am besten im Dunkeln. Bei Papageien empfiehlt es sich Handschuhe zu tragen. Der Vogel darf nicht zu fest gedrückt werden, sollte aber dennoch im festen Griff sein.

Die beste Art, einen Vogel zu halten, ist in Abbildung 17.1 dargestellt.

Dabei wird der Hals zwischen Zeige- und Mittelfinger gehalten.

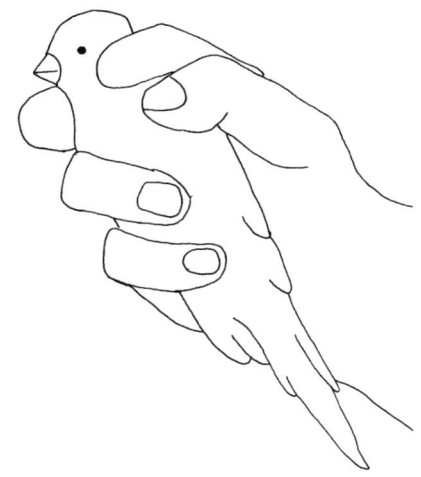

Abbildung 17.1

1.3.4 Kleinsäuger

Manchmal ist der Umgang mit Kleinsäugern nicht ganz problemlos. Sie sind relativ wild und aggressiv. In Panik geratene Nager können sich und auch vertraute Menschen verletzen. Um eine anstrengende Jagd zu vermeiden muss man, wenn nicht anders möglich, den ganzen Käfig mit zum Tierarzt nehmen. Auch hier sind plötzliche Bewegungen und Lärm zu vermeiden. Das Beste ist, wenn man die Tiere an der elastischen Haut im Nacken greift und mit der anderen Hand, zumindest bei großen Tieren wie Kaninchen und Meerschweinchen, das Tier von unten stützt. So kann man sie auf einen Tisch setzen und behandeln.

Mäuse und Ratten, aber niemals Streifenhörnchen und Wüstenrennmäuse, kann man an der Schwanzwurzel packen und auf die Handfläche setzen.

1.4 Transport vom Haustier

Kleine Hunde und Katzen können in einem stabilen Korb oder Karton transportiert werden. Zu beachten ist jedoch, dass die Tiere nicht einfach raus springen können und dass der Korb groß genug ist, damit die Tiere nicht eine verkrampfte Haltung einnehmen müssen. Um das Tier aufzuheben, schiebt man eine Hand mit gespreizten Fingern unter Hals und Schultern und greift mit dem Daumen eine Hautfalte im Nacken, um es vor dem abrutschen zu sichern. Mit der anderen Hand stützt man das Tier im Hüftbereich.

Mit einer zur Trage umfunktionierten Decke und, wenn vorhanden, einem Brett kann man größere Hunde transportieren. Am besten ist es, wenn man zu zweit ist. Dabei legt man die Decke entlang der Wirbelsäule, schiebt vorsichtig die vordere Hälfte der Decke unter Hals und Schultern und die Hintere unter Flanken, Bauch und Hinterbeine. Um die Decke richtig auszubreiten, muss man evtl. die Schultern und den Brustkorb erneut sanft anheben. Abschließend kann man die Decke ähnlich wie eine Hängematte anheben und das Brett zum Stabilisieren drunter schieben, um den Körper zu stützen.

1.5   Eingeben von Medikamenten

Um die Anweisungen des Tierarztes bestmöglich befolgen zu können, muss sich, wenn nötig, jeder Tierhalter darüber informieren, wie Medikamente eingegeben werden und lernen es selbst zu tun. Ich will hier nicht auf Injektionen, Augen- oder Ohrensalben eingehen. Dies sollte Ihnen ausschließlich Ihr Tierarzt zeigen.

Ich möchte hier nur bekannte und bewährte Tricks zur Eingabe von Tabletten und flüssiger Medizin geben, wenn es nicht möglich ist, die Medizin dem Futter beizumischen, sie mit Leckerbissen zu verabreichen.

Wehrt sich das Tier die Medizin einzunehmen, helfen nur Schnelligkeit und Entschlossenheit, aber niemals Gewalt. Man darf dem Tier nicht zeigen was man vorhat.

Muss man die Tablette zerkleinern, so sollten Pulverreste weggepustet werden, da sie meist einen prägenden schlechten Geschmack im Maul hinterlassen.

Tabletten, die eine raue Oberfläche haben, kann man mit ein wenig Speiseöl gleitfähiger machen. Man muss aber auch hier den Tierarzt fragen, ob das nicht die Wirkung der Tablette beeinträchtigt.

1.5.1 Katze und Hund

Man nimmt die Tablette zwischen Zeige- und Mittelfinger und öffnet mit der anderen Hand das Maul des Tieres, indem man die Oberlippe auf beiden Seiten direkt hinter den Reißzähnen gegen die Zähne drückt. Sobald das Maul geöffnet ist (evtl. mit einem Finger der Hand etwas weiter über den Unterkiefer aufziehen) legt man die Tablette auf den Zungenrücken. Das Maul sofort schließen, zuhalten und den Kopf kurze Zeit etwas hochhalten. Das Tier wird nach wenigen Sekunden die Medizin schlucken. Wenn nicht, kann man gegen das Kinn tippen oder Hals und Kehle abwärts streicheln. Wenn das Tier geschluckt hat, lässt man die Schnauze wieder los.

Flüssige Medikamente gibt man am besten mit einer Spritze ohne Nadel ein. Man zieht das Medikament auf und schiebt die Spitze der Spritze zwischen Eckzahn und den Backenzähnen ins Maul, legt sie auf die Zunge, richtet sie auf den Rachen und hält den Kopf leicht hoch. Vorsichtig drückt man dann den Kolben herunter, das Tier beginnt zu schlucken. Man sollte die Flüssigkeit nicht zu langsam einflößen, aber dem Tier genug Zeit geben um normal zu schlucken, damit es sich nicht verschluckt. Wenn es doch passiert, bricht man ab, lässt dem Tier Zeit sich zu beruhigen und wiederholt den Vorgang später noch einmal. Man kann an Stelle der Spritze auch einen kleinen Becher benutzen. Dabei legt man den Becher seitlich an und nutzt die Unterlippe als Trichter. Dies gelingt aber nur bei gutmütigen Hunden, nicht bei Katzen. Sammelt das Tier die Flüssigkeit in der Backentasche, d.h. es schluckt nicht, hält man den Kopf hoch und öffnet etwas das Maul.

1.5.2 Vogel und Kleinsäuger

Bei größeren Kleinsäugern, wie Kaninchen und Meerschweinchen, kann man ähnlich wie bei Katzen und Hunden vorgehen. Man gibt wie oben beschrieben die Flüssigkeit mit Hilfe einer Spritze ins Maul.

Bei den kleinen Kleinsäugern ist es schwieriger. Hier braucht man meist zwei Helfer, da sich die Tiere enorm wehren. Man greift sie wie im Kapitel 1.3.4 beschrieben. Der zweite Helfer kann dann die Medikamente ebenfalls mit einer Spritze einflößen.

Bei Vögeln werden die meisten Medikamente über das Wasser oder dem Futter verabreicht. Bei sehr kranken Vögeln träufelt man das Medikament am besten mit einer Pipette in den Schnabel und versucht diesem möglichst zuzuhalten. Dabei hält man das Tier, wie bereits erwähnt, ruhig.

1.6   Temperaturmessen

Auch dies überlässt man dem Tierarzt. Die Körpertemperatur bei Tieren misst man immer rektal. Man muss den Hund oder die Katze fest im Griff haben und den Schwanz hoch halten. Geeignet sind digitale Thermometer, da das Messen schneller geht als bei herkömmlichen. Sollte das Einführen Schwierigkeiten bereiten, so kann man die Spitze des Thermometers mit Vaseline oder Speiseöl gleitfähiger machen.

Die Spitze darf nicht zu tief, etwa 2 cm, in den After eingeführt werden.

Sowohl bei Katzen, als auch bei Hunden liegt die Normaltemperatur zwischen 38,5°C und 39°C. 39°C bis 40°C Körpertemperatur bedeutet Fieber. Über 40°C ist schon hohes Fieber. Temperaturen unter 38°C weisen auf eine Unterkühlung hin.

Die Körpertemperatur von Welpen und junge Kätzchen liegt meist etwa 0,5°C höher als die erwachsener Tiere.

1.7   Anatomie

Die folgenden Abbildungen sollen helfen, die Textstellen zu verstehen, die sich auf spezielle Körperteile oder Organe beziehen. Zum Teil wurde bei den Zeichnungen die leichte Verständlichkeit der wissenschaftlichen Genauigkeit vorgezogen. Auch die Beschriftung stellt nur das Nötigste dar.

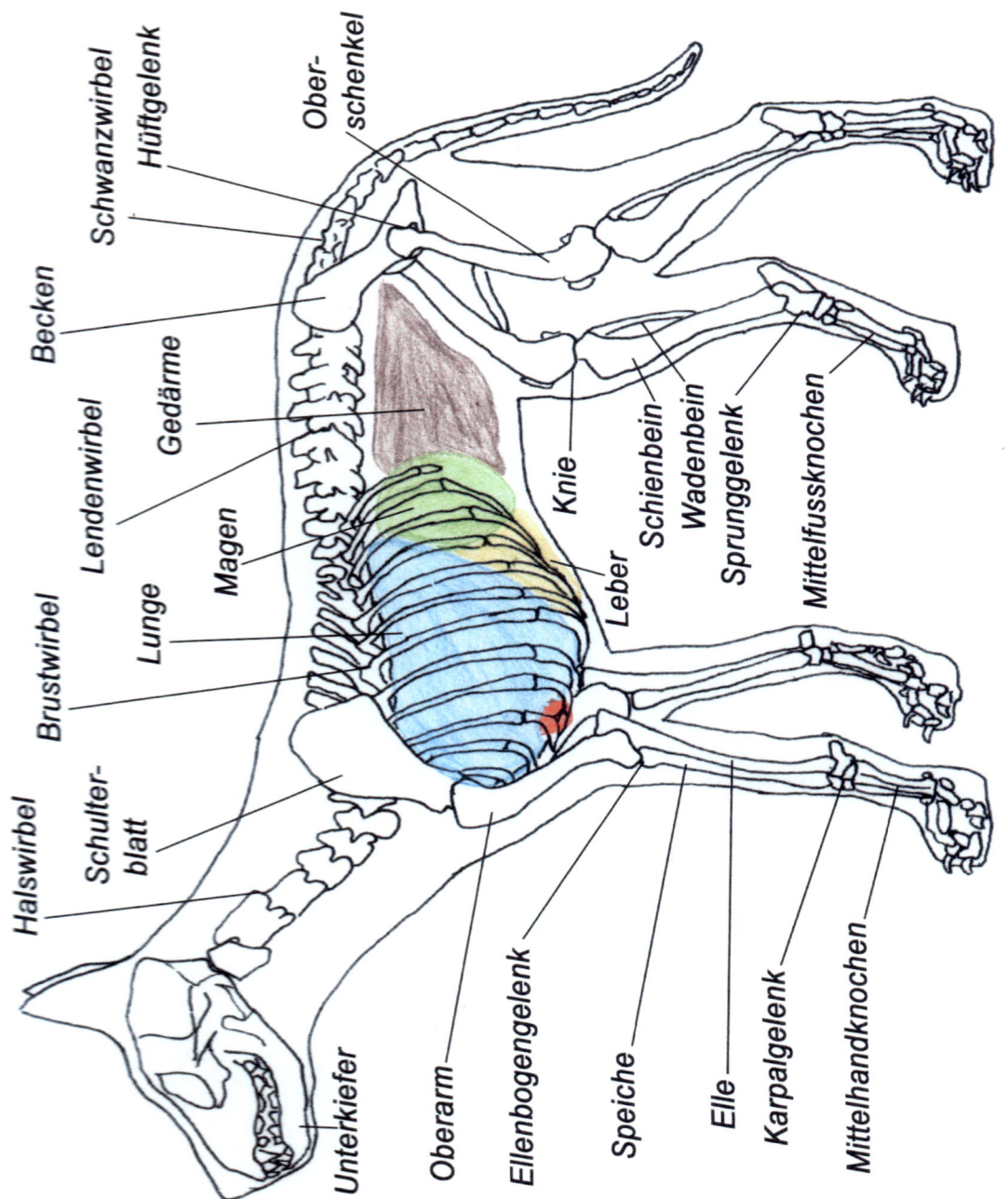

Abbildung 21.1   Skelett und Organe beim Hund

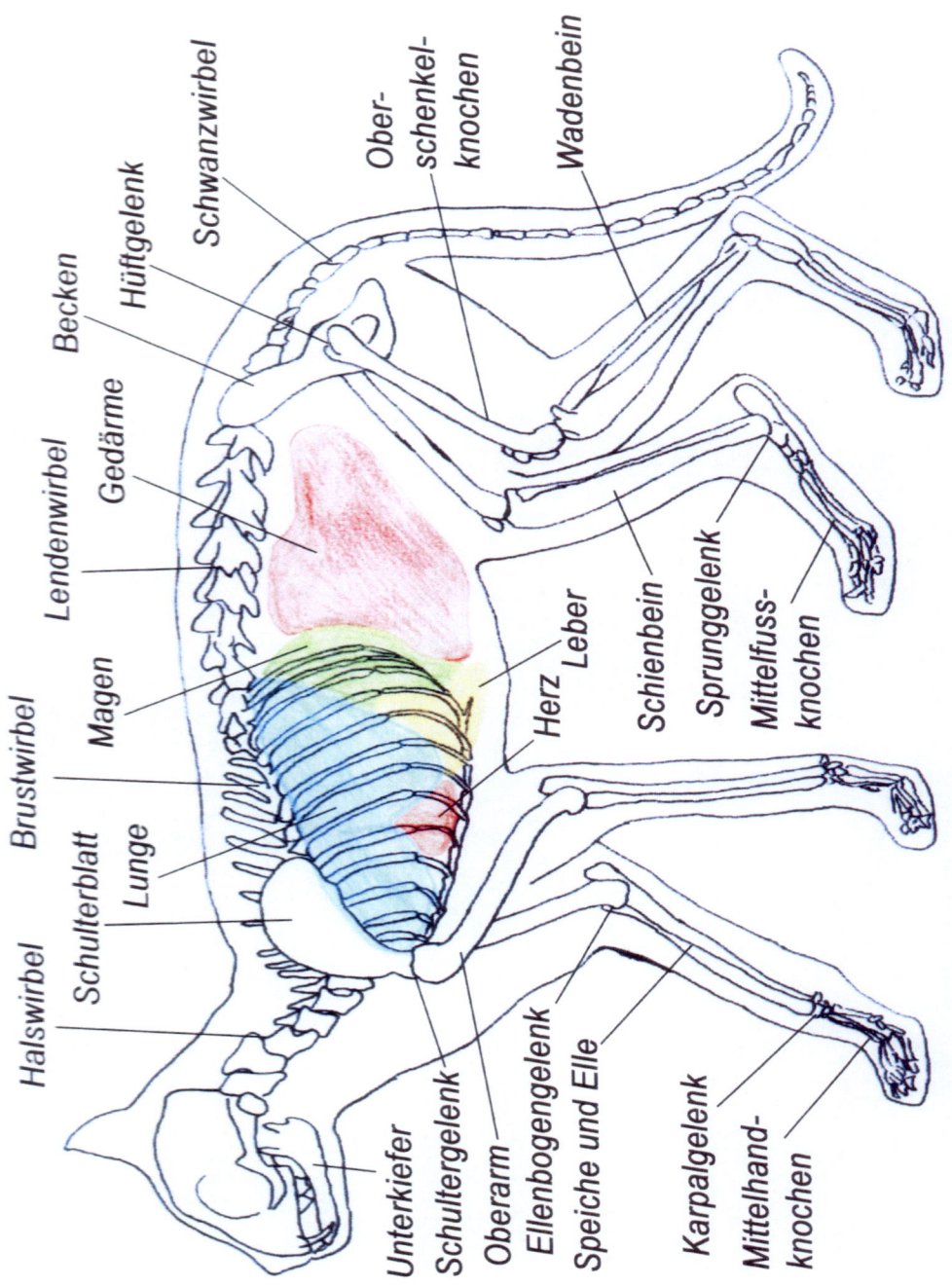

Abbildung 22.1   Skelett und Organe bei der Katze

22

2. Nervliche Notfälle, Bewusstseinsstörungen

2.1 Das Nervensystem

Das Gehirn, das Rückenmark und die Nerven bilden das Nervensystem.

Im Gehirn unterscheidet man verschiedene Bereiche. Z.B. sensible Bereiche, die für die Wahrnehmung und Verarbeitung von äußeren Reizen, und motorischen Bereiche, die für die Aktivierung der Muskulatur, verantwortlich sind.

Das Rückenmark dient als Schaltstelle der Nervenbahnen.

Die Nervenzellen bestehen aus einem Zellleib und den Zellausläufern (Dendriten und Axone). Durch ihre Verbindungen ist das Nervennetzwerk im Organismus aufgebaut.

Man unterscheidet weiterhin zwischen einem zentralen und einem peripheren Nervensystem. Gehirn und Rückenmark bilden das zentrale Nervensystem. Beim peripheren Nervensystem spricht man von dem schon erwähnten Netzwerk der Nervenzellen, die den ganzen Körper durchstreifen und am Rückenmark zusammenkommen.

Weiterhin unterscheidet man das periphere Nervensystem nach seinen Funktionen in einen willkürlichen (somatisches) und einen unwillkürlichen (vegetativen) Teil. Das vegetative Nervensystem unterliegt, anders als das somatische, nicht dem Willen des Individuums und steuert daher die Herztätigkeit, den Kreislauf, die Atmung, die Verdauung und die Körpertemperatur. Das somatische Nervensystem steuert dementsprechend die gewollte und gezielte Motorik.

Abschließend unterteilt man das vegetative Nervensystem in Sympathikus und Parasympathikus, die sich je nach Situation (Schlaf, Bewegung, Angst etc.) abwechseln. Beim Sympathikus beschleunigen Herzschlag und Atmung, wobei Herzkranzgefäße und Bronchien erweitert werden. Drüsentätigkeiten und Darmbewegung sowie Blasen- und Darmentleerung werden gehemmt. Bei aktivem Parasympathikus verlangsamen Herzschlag und Atmung, die Herzkranzgefäße und Bronchien ziehen sich zusammen. Drüsentätigkeiten und Darmbewegung werden gesteigert. Außerdem kommt es zur Entleerung von Blase und Darm.

Der Organismus ist bei Bewusstsein, wenn das zentrale und periphere Nervensystem problemlos zusammen arbeiten. Wichtige Kontroll- und Schutzmechanismen, die Reflexe, sind von der ungestörten Funktion des Bewusstseins abhängig, obwohl sie nicht bewusst gesteuert werden. Der Schlaf ist daher dem ungestörten Bewusstsein zuzuordnen.

2.2 Lähmungen

Lähmung tritt auf, wenn die Nerven, die zum Muskel führen, verletzt wurden. Dies kann einzelne Gelenke, Gliedmaßen oder Körperseiten betreffen. Um einen Notfall handelt es sich jedoch nur, wenn die Lähmung plötzlich auftritt. Ursachen dafür können schwere Verletzungen an Schädel, Wirbelsäule, Becken oder den Gelenken sein. Auch ein Vorfall an den Bandscheiben, die zwischen den einzelnen Rückenwirbeln liegen, kann Grund für eine Lähmung sein.

Speziell bei Hunden mit langen Körpern und kurzen Beinen können plötzlich auftretende Lähmungen der Hinterbeine auftreten.

Entscheidend bei einer plötzlichen Lähmung ist der sofortige Besuch beim Tierarzt.

Um die Lage und Stärke der Lähmung festzustellen, überprüft man den Körper auf Verletzungen. Lähmungen aller Gliedmaßen resultieren meist aus Hals- oder Schädelverletzungen. Eine Lähmung beider Hinterbeine kann durch eine Verletzung des Rückenmarks im Bereich der Brust- oder der Lendenwirbel erzeugt werden.

Um zu beurteilen, wie schwer die Verletzung ist, müssen Beweglichkeit, Muskeltonus und die Empfindlichkeit der Gliedmaßen überprüft werden. Auch die Wirbelsäule sollte nach verdächtigen Veränderungen und schmerzhaften Bereichen untersucht werden. In weniger schweren Fällen können die Tiere die Gliedmaßen noch schwerlich bewegen. Meist sind dies jedoch unkoordinierte Bewegungen. Der Muskeltonus kann bei Lähmungen entweder starr oder schlaff sein. Die Empfindlichkeit der Haut der betroffenen Gliedmaßen kann man durch Kneifen testen, um eine Schmerzreaktion hervorzurufen. Nimmt das Tier den Reiz wahr, so wird es sich abwenden, versuchen zu fliehen, winseln oder miauen. Die Berührung der Pfotenballen kann zwar zum Zusammenziehen der Pfote führen, muss aber nicht bedeuten, dass das Tier die Beherrschung über die Pfote hat, da es sich hier um einen unwillkürlichen Reflex handelt.

Das Fehlen solcher unwillkürlichen Reflexe in den gelähmten Körperteilen ist ein schlechtes Zeichen und das Tier muss umgehend zum Tierarzt.

2.3 Muskelkrämpfe

Muskelkrämpfe sind plötzlich auftretende, kurze Kontraktionen der Muskeln, die meist schnell wieder abklingen, aber auch nach kurzer Zeit wieder auftreten können. Bei schweren Fällen kann das Tier auch das Bewusstsein verlieren. Es gibt viele Gründe, die Muskelkrämpfe hervorrufen können: Unterzuckerung, Calciummangel (speziell bei Hündinnen in der Stillzeit), Hitzschlag, Gehirn- bzw. Schädelverletzungen, Vergiftungen und die echte Epilepsie. Die echte Epilepsie äußert sich durch Krampfanfälle, die ohne besonderen Auslöser auftreten. Hierbei handelt es sich um Gehirnerkrankungen.

Bei Anzeichen von Krampfanfällen sind die Tiere vor einem solchen Anfall oft ängstlich und machen einen verwirrten Eindruck. Während des Anfalls sind sie meist bewusstlos und liegen auf der Seite. Gewöhnlich sind erst die Gliedmaßen einige Sekunden lang starr ausgestreckt, dann setzen rhythmische und unkoordinierte Zuckungen ein. Die Tiere speicheln oft stark und setzen unwillkürlich Kot und Urin ab.

Nach einigen Minuten kehrt das Bewusstsein wieder ein, aber die Tiere sind oft noch lange Zeit verwirrt und desorientiert. Ein Anfall der länger als 15 Minuten andauert, ist eine enorm große Gefahr für das Leben des Tieres. Daher muss umgehend ein Tierarzt aufgesucht werden.

Der Halter des Tieres muss in der Lage sein, dem Tierarzt Informationen über die Länge und Frequenz der Anfälle geben zu können. Außerdem empfiehlt es sich, dem Arzt zu berichten, was das Tier vor dem Anfall getan hat, was es gefressen hat und zu wem es Kontakt hatte. Auch die Einnahme von Medikamenten, Verletzungen und bereits abgeklungene Krankheiten können den Arzt interessieren.

Direkte Hilfe an einem Tier mit Krampfanfällen kann man nur leisten, wenn diese durch Hitzschlag hervorgerufen wurden (s. Kapitel 7.3.2). Einiges jedoch sollte in jedem Fall beachtet werden: Man darf nie versuchen, das Tier während des Anfalls zu bewegen (außer es liegt an einem gefährlichen Ort), das Maul zu öffnen oder die Gliedmaßen festzuhalten. Alle Gegenstände im Umkreis, an denen sich das Tier verletzen kann, oder die zerbrechen können, müssen entfernt werden. Außerdem wirkt es beruhigend, wenn das Licht gedämpft wird und Lärmquellen ausgeschaltet werden.

Erst nach den Krämpfen ist der Tierarzt aufzusuchen. Beim Transport muss man bedenken, dass ein solcher Anfall unterwegs erneut stattfinden kann und die deshalb die Umgebung um das Tier abpolstern.

2.4   Maßnahmen bei Bewusstlosigkeit

Man spricht von Bewusstlosigkeit, wenn ein Tier noch lebt, aber auf keine äußeren Reize reagiert. Um das Bewusstsein eines Tieres zu überprüfen, ruft man den Namen des Tieres und beobachtet, ob es reagiert. Die Reaktionen können schon geringfügig sein, wie z.B. Bewegung der Augen. Ein Hund bewegt manchmal nur leicht seine Rute. Reagiert es weder auf seinen Namen, noch auf Schmerzreize, Kneifen in den Oberschenkel, so wird umgehend die Atmung überprüft. Die Atmung ist sichtbar und fühlbar durch das Heben und Senken des Bauches und der unteren Rippen. Ist Atmung vorhanden, so ist auch ein Puls vorhanden. Ist keine Atmung vorhanden, muss der Helfer den Herzschlag überprüfen. Dazu legt er seine Hand auf die linke Seite des Brustraumes, direkt neben dem Ellenbogen der Vorhand (Abb.26.1).

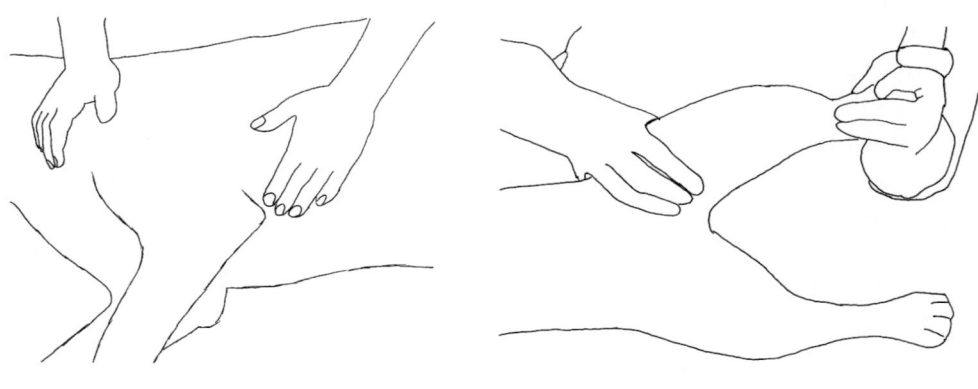

Abbildung 26.1   Abbildung 26.2

Um den Puls zu fühlen, tastet man mit Zeige-, Mittel- und Ringfinger an der Innenseite eines Oberschenkels (Abb. 26.2). Zwischen den senkrecht verlaufenden Muskelsträngen findet man den Puls. Es bringt nichts den Puls mit dem Daumen zu suchen, da dieser einen eigenen Puls besitzt.
Sind also Atmung und Puls vorhanden, obwohl das Tier auf keine Reize reagiert, so ist es bewusstlos.
Wie man vorgehen muss, wenn Atmung und/oder Puls nicht vorhanden sind wird in Kapitel 5 besprochen.
Nachdem man die Bewusstlosigkeit festgestellt hat, muss man feststellen wie tief diese ist. Eine besonders tiefe Bewusstlosigkeit ist das Koma. Dazu werden die Pupillenreaktion und der Lidschlussreflex getestet.

Beim Pupillenreaktionstest lenkt man den engen Lichtstrahl einer Taschenlampe auf die Pupille und schaut ob sich diese verengt.

Beim Lidschlussreflextest berührt man leicht die Hornhaut eines Auges mit einer Finger-spitze. Liegt das Tier nicht im Koma, so wird es das Lid direkt schließen.

Das Tier ist nun so schnell wie möglich zum Tierarzt zu bringen. Während des Transports oder falls dieser nicht direkt möglich ist, muss man das Tier flach auf eine Seite legen, den Kopf nach hinten strecken und das Maul öffnen, um das Atmen zu erleichtern. Außerdem muss man darauf achten, dass die Zunge nicht zu weit nach hinten rutscht, da diese sonst die Atemwege blockiert. Am leichtesten ist es, sie vorsichtig nach vorne aus dem Maul zu ziehen. Gegebenenfalls können nun Verletzungen behandelt werden.

3. Atmungsnotfälle

3.1 Aufbau und Funktion

Bei der Atmung wird Sauerstoff, der zu 21% in der Luft enthalten ist, eingeatmet und über die oberen und unteren Atemwege dem Blut beigemischt. Die oberen Atemwege sind: Nase, Maul und Rachenraum. Die unteren sind Kehlkopf, Luftröhre, Bronchien und Lunge. In der Lunge befinden sich die Lungenbläschen (Alveolen). Diese sind von einem feinem Netz Blutgefäße umspannt. Hier findet auch der Gasaustausch statt. Sauerstoff heftet sich an das Hämoglobin des Blutes, während sich Kohlendioxid löst und ausgeatmet wird.

Die Atemtiefe, die Atembewegungen und dessen Rhythmus werden unbewusst vom Atemzentrum im Gehirn gesteuert.

Durch das Heben der Rippen und Spannen (Senken) des Zwerchfells vergrößert sich der Raum im Brustkorb und die Lunge dehnt sich aus. So kann Luft über die Atemwege einströmen – Einatmen. Wenn sich die Rippen senken und das Zwerchfell erschlafft, wird die Lunge zusammengedrückt und die Atemluft strömt aus - Ausatmen.

Da Hunde und Katzen nicht Schwitzen, geben Hunde ihre Wärme, durch Hecheln, über die Atmung ab. Katzen dagegen können sich mit dem eigenen Speichel, den sie durch Putzen verteilen, abkühlen.

3.2 Beinahe Ertrinken

Das Hunde schwimmen können ohne es erlernen zu müssen, ist allseits bekannt. Weniger bekannt ist, dass auch Katzen gute Schwimmer sind. Allerdings zeigen sie es meist nur ungern. Dennoch können Unglücke geschehen, die hauptsächlich jedoch Welpen, kranke oder behinderte und alte Tiere betreffen. Aber auch gesunde Tiere können in Schwimmbädern ertrinken, wenn sie keine Möglichkeit haben dort heraus zu kommen.

Hat man ein Tier aus dem Wasser gezogen (Eigenschutz bedenken!), muss man zunächst schauen, ob und wie es reagiert: Ist das Tier bei Bewusstsein? Wenn ja, wird es wahrscheinlich husten und evtl. Atembeschwerden haben. Wenn nein, wird, wie bereits besprochen, die Atmung und anschließend der Herzschlag bzw. Puls überprüft. Wenn nötig wird, wie in Kapitel 5 beschrieben, die Wiederbelebung begonnen. Zuvor muss man allerdings erst das Wasser aus der

Lunge bekommen. Dazu hält man das Tier kopfüber an den Hinterläufen hoch, damit das Wasser leichter rauslaufen kann. Das kann man auch bei Tieren machen, die bei Bewusstsein sind aber stark husten und hörbare Beschwerden beim Atmen haben. Große Hunde, die man nicht hochheben kann, legt man am besten auf eine Treppe oder einen Tisch. Hauptsache ist, dass der Kopf der tiefste Punkt ist, also runterhängt.

Hilft alles nichts, um das Wasser aus der Lunge zu bekommen, drückt man mit beiden Händen den Brustkorb, von beiden Seiten gleichzeitig, zusammen. Dabei ist der Kopf natürlich auch der tiefste Punkt. Durch den Druck verringert sich das Lungenvolumen und das Wasser fließt aus.

3.3   Akute Atemnot durch Fremdkörper

Tiere verschlucken gerade im Spiel oder beim Fressen Dinge wie Steine, Holzsplitter, Teile von Spielzeugen oder Knochen. Die Fremdkörper, die zum Schlucken zu groß sind, können in Rachen, Kehlkopf oder Luftröhre und Bronchien gelangen und dort stecken bleiben. Je nach Größe können die Fremdkörper die Atemwege auch ganz blockieren.

Ein Tier, das an Atemnot leidet, ringt mit ausgestrecktem Hals und offenem Maul nach Luft. Bei völliger Blockade verfärben sich die Schleimhäute bläulich (Zyanose, vergleichbar mit der Blaufärbung der Lippen beim Menschen) und das Tier verliert bald das Bewusstsein. Stecken die Fremdkörper in den Bronchien oder der Luftröhre, versuchen sie diese durch kräftiges und wiederholendes Husten zu lösen. Im Rachen steckende Fremdkörper kann man durch Öffnen des Maules und Herausziehen der Zunge sehen. Ggf. muss man die Lichtverhältnisse durch eine Taschenlampe verbessern. Ist der Fremdkörper zu sehen, kann man bei akuter Gefahr versuchen, ihn mit den Fingern zu entfernen.

Ansonsten greift man das Tier an den Hinterbeinen und hält es kopfüber. Dabei klopft man selbst oder ein weiterer Helfer mit einer Hand auf den Brustkorb, um den Fremdkörper zu entfernen. Hilft alles nicht und ist akute Gefahr, kann man den Brustkorb mit den Händen in schneller Folge zusammendrücken.

Es ist jedoch ratsam das Tier, solange keine akute Gefahr besteht, zum Tierarzt zu bringen.

Ist der Fremdkörper entfernt, muss man Atmung und Herzschlag kontrollieren.

3.4 Insektenstiche im Mund und Rachen

Verschluckte Bienen, Wespen o.ä. stechen meist noch im Maul zu. Die dabei entstehende Schwellung der Zunge oder der Schleimhäute kann die Atemwege sogar komplett blockieren. In einem solchen Fall kann man nur von Außen kühlen, da man das Tier schwerlich dazu bringen wird, kaltes Wasser zu trinken. Am sinnvollsten ist es also mit kalten Umschlägen, Eispacks etc. den entsprechenden Bereich zu kühlen. Der Tierarzt kann dann weitere Maßnahmen ergreifen.

3.5 Künstliche Beatmung

Ist ein Tier bewusstlos, hat keine Atmung, aber Herzschlag bzw. Puls, so muss man es künstlich beatmen. Dazu legt man es seitlich auf den Boden und überstreckt den Kopf nach hinten. So werden die Atemwege nicht durch den Zungengrund blockiert. Als nächstes inspiziert man den Mundraum und überprüft, ob sich darin Fremdkörper, Blut oder Schleim befinden. Gegebenenfalls muss man die Atemwege bzw. die Fremdkörper entfernen. Nun gibt es zwei Möglichkeiten: Entweder beatmet man das Tier durch den Mund oder durch die Nüstern. Will man durch die Nüstern beatmen, so muss man das Maul mit einer Hand verschließen. Bei der Beatmung durch das Maul verschließt man mit Daumen und Zeigefinger die Nüstern und drückt nach der Atemspende mit der freien Hand die Lippen an der Seite zusammen. So kann die Luft nicht wieder entweichen.

Je nach Größe des Tieres bläst man etwa 2 bis 3 Sekunden schnell und kräftig aus. Ob die Menge der Luft ausreicht kann man daran sehen, dass sich der Brustkorb hebt, dann ist die Lunge mit Luft gefüllt. Bläst man weiter Luft ein, gelangt die überschüssige Luft in den Magen und das Tier erbricht. Hat sich der Brustkorb also ausreichend gehoben, neigt man seinen Kopf etwas vom Tier weg und lässt die Schnauze wieder los, so kann Luft wieder entweichen und man atmet selbst nicht die sauerstoffarme Atemluft des Tieres ein. Das ganze wiederholt man mindestens siebenmal pro Minute, solange das Tier von allein atmen kann.

Ist das Tier an der Schnauze verletzt oder blutet aus dem Maul, kann man ein Tuch über die Nase legen, wenn man beatmet. Das darf aber nicht zu dick sein. Leichter und schneller geht es wenn man eine leichte Faust als Trichter zwischen Mund und Schnauze hält.

4.   Das Herz-Kreislaufsystem

4.1   Aufbau und Funktion

Das Herz-Kreislauf-System versorgt den ganzen Körper über den Blutkreislauf mit Sauerstoff und Nährstoffen. Außerdem transportiert es die Abfallstoffe ab. Es besteht aus Herz, Blutgefäße und Blut. Wie in Abbildung 31.1 zu sehen ist, gelangt sauerstoffarmes Blut (hier blau) über eine Vene in die rechte Herzkammer. Dort wird es über die Lungenarterie in die Lunge gepumpt, wo es CO_2 abgibt und Sauerstoff aufnimmt. Das jetzt sauerstoffreiche Blut (rot) zieht nun weiter in die linke Herzkammer, von wo aus es überall in den Körper gepumpt wird. Im Körper gibt das Blut Sauerstoff an die Zellen ab und nimmt CO_2 auf.

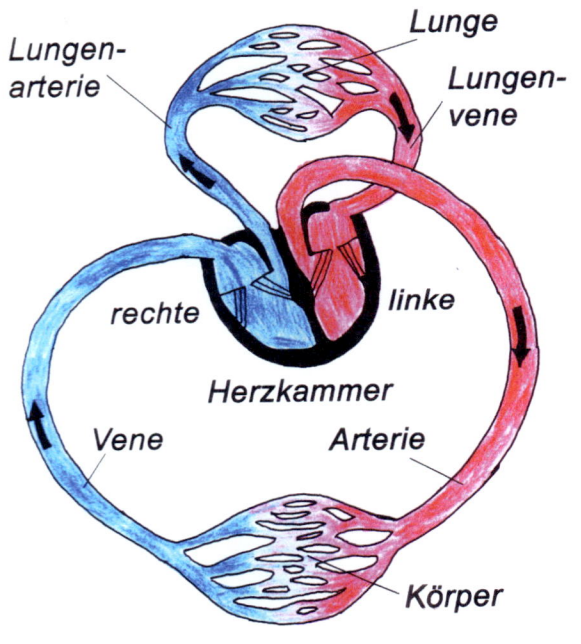

Abbildung 31.1

Es gibt viele mögliche Ursachen für Herzkreislaufstörungen. Neben Erkrankungen des Herzens können auch Blut- und Flüssigkeitsmangel, Atemstörungen und Gifte Störungen hervorrufen. Erkennen lassen sie sich an Veränderungen des Pulses und an einem Ausfall der Vitalfunktionen, was über Bewusstlosigkeit, Atemstillstand auch zum Herz-Kreislauf-Stillstand führen kann. Das Tier wirkt im Allgemeinen verwirrt, erschöpft und apathisch. Bei Herzinfarkten kann man leider nichts machen, außer frische Luft zuführen und gegebenenfalls wiederbeleben.

31

4.2 Schock

Ein Schockzustand äußert sich durch auffällige Aktivitätslosigkeit, Depression und fehlende Reaktion auf Umweltreize, extrem hohe Herz- und Atemfrequenz sowie sinkende Körpertemperatur, wobei sich die Extremitäten (Beine und Pfoten) des Tieres kalt anfühlen. Deutlich erkennbar ist ein Schock an der verlangsamten Füllungszeit der Kapillare. Hierzu drückt man mit einem Finger fest gegen das Zahnfleisch, das unter dem Druck weiß wird. Wenn die Druckstelle nicht sofort nach dem Loslassen wieder ihre normale Farbe erreicht, sondern länger als 5 Sekunden blass bleibt, kann man von einem Schock ausgehen. In diesem Falle muss man sofort mit dem Tier zum Arzt. Zum Transport muss der Hund oder die Katze in eine Decke oder ein Handtuch gewickelt werden, um die Körperwärme zu erhalten.

4.3 Stromschläge

Zwar passieren bei Hunden und Katzen Stromunfälle nur äußerst selten, die Gefahr besteht jedoch immer, dass gerade junge Tiere und Nagetiere an Kabeln nagen, an Steckdosen lecken oder beißen. Daher sollte man speziell bei der Haltung von Kleinnagern darauf achten, dass diese nicht beim Freilauf an Kabel gelangen. Hat man noch junge und neugierige Katzen oder Hunde, kann man die Steckdosen mit Schutzkappen versehen.

Je höher die Stromstärke und Spannung, desto schwerer ist der Schaden der davon getragen wird. Außerdem spielt die Dauer des Kontakts mit dem Strom eine wichtige Rolle.

Bei Verletzungen durch Strom handelt es sich um örtliche Verbrennungen, die oft tief sein können. Die Schmerzen, die das Tier dabei empfindet können zum Schock führen und dieser wiederum zur Bewusstlosigkeit. Die größte Gefahr jedoch bei Stromunfällen geht von den Muskelkrämpfen aus. Diese können zum Herz- und Atemstillstand führen.

Findet man ein Tier auf, das durch Strom zu Schaden gekommen ist, muss man immer erst zur Eigensicherung den Kontakt zur Stromquelle unterbrechen oder den Hauptschalter ausschalten. Mit Holz und Plastik kann man gefahrlos Kabel wegziehen ohne sich selbst in Gefahr zu bringen, da diese keinen Strom leiten.

Die Behandlung der Verbrennungen wird im Kapitel 7.3.1 detailliert beschrieben. Die nötigen Maßnahmen zur Wiederbelebung werden in Kapitel 5 besprochen.

5. Wiederbelebung

5.1 Herz-Lungen-Wiederbelebung

Findet man ein verunglücktes Tier, bei dem man weder Herzschlag und Puls und somit auch keine Atmung mehr spürbar ist, so kann man mit einer äußeren Herzmassage versuchen, die künstliche Beatmung zu unterstützen. Sinnvoll ist eine Herzmassage nur in der Kombination mit künstlicher Beatmung. Hierzu legt man das Tier in die rechte Seitenlage auf einen festen Untergrund und überstreckt wie bereits beschrieben den Kopf. Zuerst muss man das Tier zweimal beatmen. Dann legt man die Finger je einer Hand auf beide Seiten über der Herzgegend und drückt sehr kräftig. Dann lässt man mit dem Druck nach und drückt erneut fest zu. Bei kleineren Hunden und Katzen genügen zwei oder drei Finger anstelle der ganzen Hand. Diesen Vorgang wiederholt man 15 Mal. Danach beatmet man wieder zweimal und führt dann die Herzmassage durch. Man sollte versuchen in diesem Rhythmus bis zu 10 Mal in einer Minute die Herzdruckmassage durchzuführen und etwa 12 Mal zu beatmen. D.h. der Vorgang muss sechs mal in der Minute wiederholt werden. Ist die Herz-Lungen-Wiederbelebung wirksam, so sollte man bei jedem erneuten Druck einen Pulsschlag fühlen. Über einen evtl. Schaden am Brustkorb muss man sich in diesem Moment keine Gedanken machen, da die Wiederherstellung des Kreislaufes erste Priorität hat. Auch wenn das Herz wieder schlägt, kann das Tier weiterhin bewusstlos bleiben. Hier ist nun schnellstmöglich ärztliche Hilfe zu suchen.

5.2 Komplettes Ablaufschema der Diagnostik und Herz-Lungen-Wiederbelebung

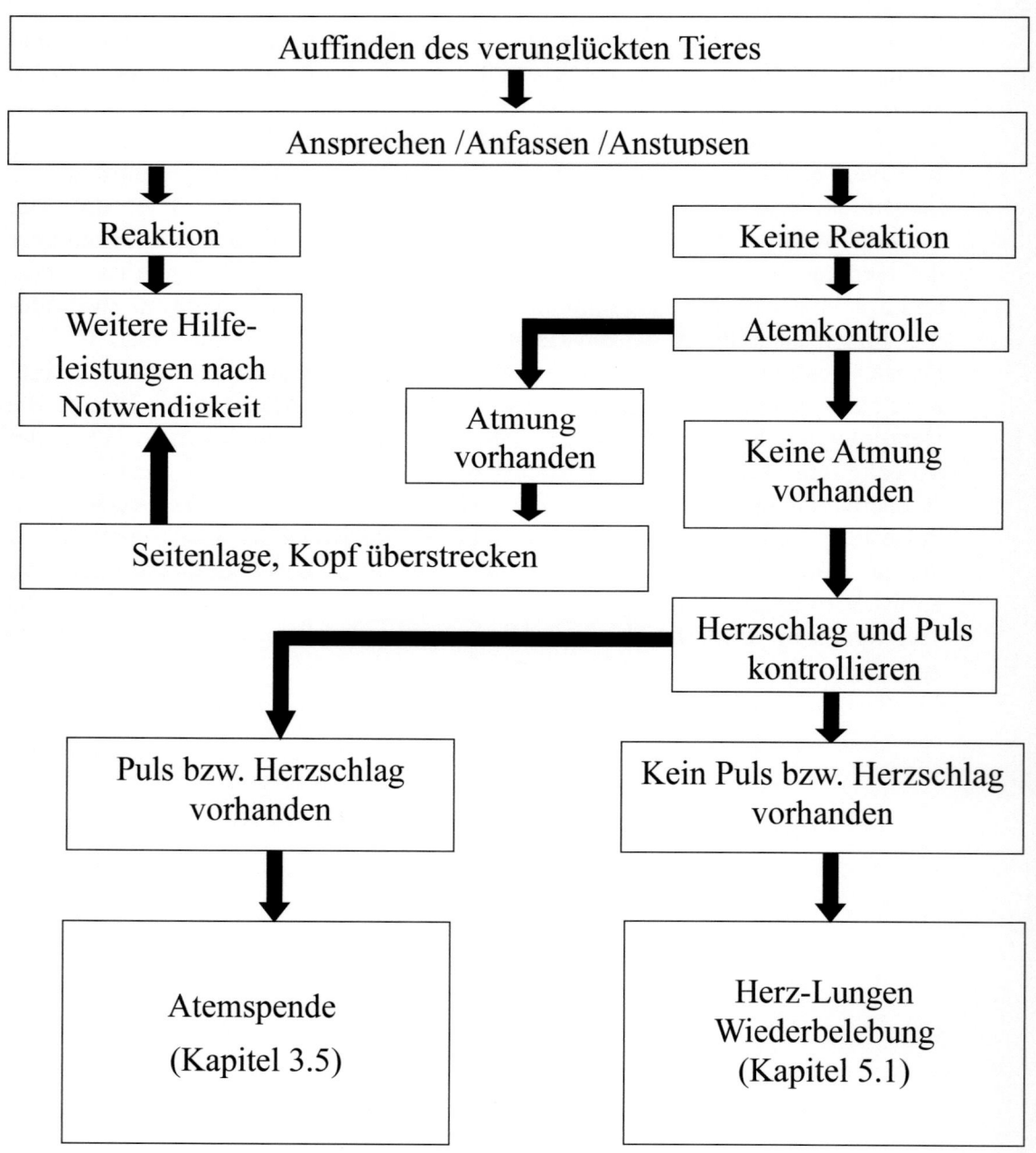

6. Verletzungen

6.1 Hautverletzungen

Hautverletzungen sind wohl die häufigsten Verletzungen, die man bei seinem Haustier behandeln muss. Daher möchte ich in diesem Kapitel eingehend die verschiedenen möglichen Hautverletzungen und ihre mögliche Behandlung besprechen.

In Abbildung 35.1 ist ein Querschnitt der Haut zu sehen. Die oberste Schicht ist die Oberhaut. In der Mitte die Leder- und abschließend die Unterhaut. Darunter liegen Muskeln. Oberhalb der Muskeln durchziehen sich Nervenbahnen und Blutgefäße. Die Blutgefäße enden in feinen Kapillargefäßen, die die ganze Haut durchziehen.

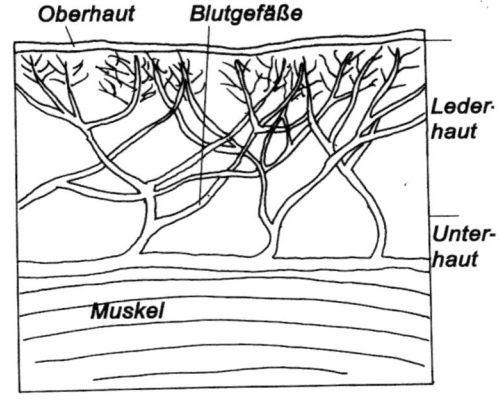

Abbildung 35.1

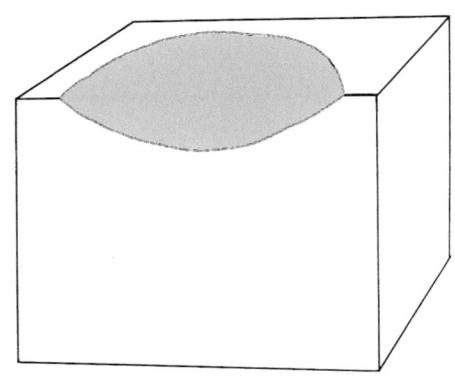

Abbildung 35.2

Schürfwunden (Abb. 35.2) und Wunden an unbehaarten Körperstellen fallen meist direkt auf. Sie sind harmlos, da sie nicht besonders tief sind und somit keine großen Blutgefäße, Muskeln oder Knochen betroffen sind. Bei ihrer Behandlung säubert man vorsichtig die Abschürfung und entfernt gegebenenfalls. Fremdkörper. Dann legt man eine Kompresse auf und fixiert diese mit einem Verband oder Pflaster.

Platzwunden (Abb. 36.1) entstehen meist durch einen Schlag oder Aufprall mit einem stumpfen Gegenstand. Solche Wunden sind oft sehr tief und stark am bluten. Mit einer aufgedrückten Kompresse versucht man, nach der Reinigung, die Blutung zu stoppen. Sollte dies nicht erfolgreich sein legt man einen Druckverband an. Hinweise zu stark blutenden Wunden folgen unten.

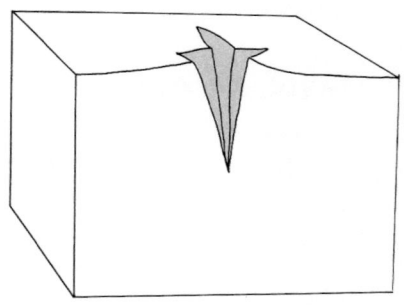

Abbildung 36.1

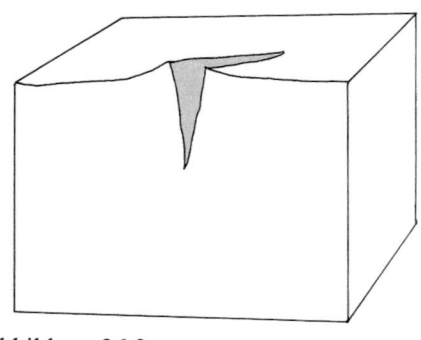

Abbildung 36.2

Abbildung 36.2 zeigt eine **Riss- oder Bisswunde**, wie sie häufig nach Raufereien mit Artgenossen entstehen. Wie bei Platzwunden reinigt man zunächst die Wunde und sorgt dann dafür, dass die Blutung gestoppt wird, indem man eine Kompresse auf die Wunde aufdrückt. Auch hier muss man gegebenenfalls einen Druckverband anlegen.

Schnittwunden (Abb. 36.3) ziehen sich Tiere meist bei Spaziergängen oder im Haushalt zu. Diese sind häufig sehr tief, sodass größere Blutgefäße betroffen sein können. Auch hier legt man nach dem Reinigen eine Kompresse auf und verbindet die Wunde dann mit einem Druckverband, wenn nötig.

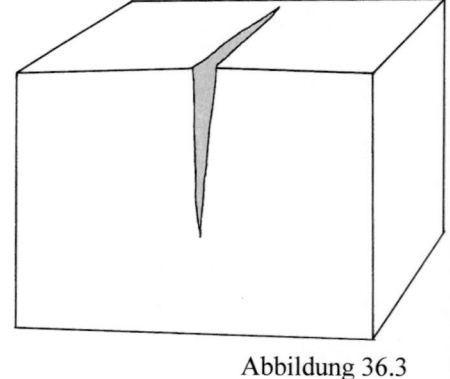

Abbildung 36.3

Alle Wunden müssen zunächst gereinigt werden. Man reinigt eine Wunde, indem man sie mit einem geeigneten Mittel einsprüht und den Dreck mit einer Kompresse abtupft. Im Allgemeinen hilft es auch, die Kompresse direkt zu befeuchten und auf die Wunde zu legen.

Reicht es nicht aus, eine Blutung durch etwas Druck und einer Kompresse zum Stillstand zu bringen, kann man bei kleineren Wunden einen Eisbeutel oder einen Eispack auflegen. Diesen darf man aber nicht direkt auflegen. Zusätzlich sollte man versuchen, die Gliedmaße, an der die Wunde ist, hoch zu halten.

Hilft dies alles nicht, um die Blutung zum Stillstand zu bringen, muss man einen Druckverband (Abb. 37.1) anlegen. Druckverbände dürfen allerdings nicht so angelegt werden, dass sie die Vitalfunktionen beeinträchtigen. Also niemals am Hals, an den Rippen und um den Bauch anlegen, d.h. nur an den Beinen. Bei einem Druckverband legt man eine Kompresse auf die Wunde und wickelt ein- bis zweimal einen Verband oder eine Dreiecktuchkrawatte um. Danach legt man auf die Wunde ein

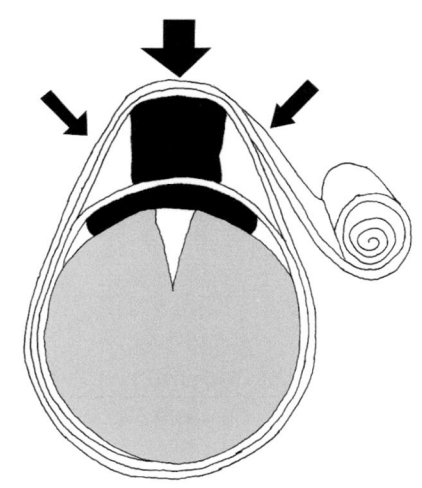

Abbildung 37.1

Verbandpäckchen o.ä. auf und fixiert sie mit dem Verband. Es muss genügend Druck auf die Blutung wirken, damit diese stoppt. Merkt man, dass die Blutung nicht zum Stillstand gekommen ist, also durchblutet, legt man einen neuen Druckverband an, den man mit noch mehr Druck fixiert. Zusätzlich kann man noch das Blutgefäß abdrücken. Am Hinterbein drückt man die Ader, an der man auch Puls fühlt (Kapitel 2.4) gegen den Knochen. An den Vorderläufen sucht man ebenfalls unterhalb der Muskulatur das Blutgefäß und drückt es ebenfalls gegen den Knochen.

Ist die Blutung jedoch so stark, dass auch ein Druckverband nicht erfolgreich ist, handelt es sich um eine gefährliche Blutung, bei der Lebensgefahr durch Verbluten besteht. Um das Leben des Individuums zu retten, muss man nun zu drastischeren Maßnahmen greifen. Man muss umgehend Abbinden.

Wichtig ist, dabei zu beachten, wo man abbindet. In Abbildung 38.1 sind mögliche Stellen dargestellt. Diese gelten für Hunde und Katzen. Außerdem muss man sich unbedingt merken, bzw. notieren, wann die Gliedmaße abgebunden wurde, da sich in dem nicht mehr zirkulierendem Blut Giftstoffe bilden, die der Tierarzt neutralisieren muss, wenn er die Bindung löst. Um Schlimmeres zu verhindern sagt eine Faustregel, dass man die Bindung etwa alle 10 Minuten wieder lösen soll. Beim Abbinden legt man eine Staubinde oder eine Dreiecktuchkrawatte an einer geeigneten Stelle an und befestigt sie mit einem einfachen Knoten. Reicht der Druck der Binde nicht aus und es blutet weiterhin, schiebt man einen kleinen stabilen Stab oder Kugelschreiber unter den Knoten und dreht diesen im oder gegen den Uhrzeigersinn, bis die Blutung stoppt. Um den Knoten zu sichern verknotet man beide Enden miteinander oder fixiert den Stab mit einem weiteren Verband.

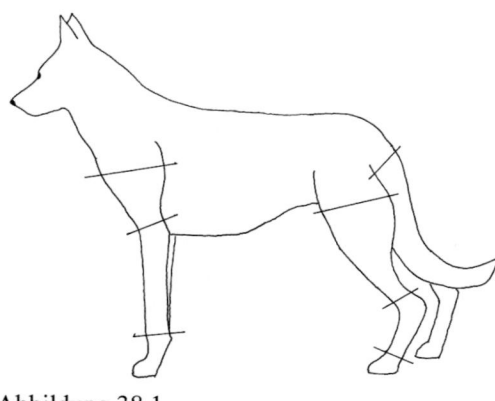

Abbildung 38.1

Einen Verband muss man nicht nur anlegen um akute Hautverletzungen zu behandeln. Er dient auch dem Schutz vor Schmutz und dem Wiederaufreißen der Wunde. Damit ein Verband nicht rutscht, gibt es für verschiedene Körperteile verschiedene Verbandstechniken, die in den folgenden Kapiteln gezeigt werden.

6.1.1 Verletzung der Pfoten

Muss man einen Verband um eine Pfote legen, klemmt man erst Wattebäusche zwischen die Zehen. Die Watte darf jedoch nicht auf die Wunde gelegt werden. Danach legt man eine Kompresse über die Wunde und bandagiert die Pfote bis über das Sprung- oder Handwurzelgelenk. Mit einem Pflasterstreifen fixiert man den Verband. Ein weiterer Pflasterstreifen wird am oberen Rand des Verbandes so angelegt, dass er zu einer Hälfte auf dem Fell klebt (Abb. 38.2).

Abbildung 38.2

6.1.2 Vorder- und Hinterbein

Liegt die Wunde auf dem Vorder- oder Hinterbein, legt man eine Kompresse auf und fixiert diese mit einer Mullbinde. Je nach Ermessen wickelt man die Binde mehrmals um die Wunde und fixiert diese mit Klebestreifen.

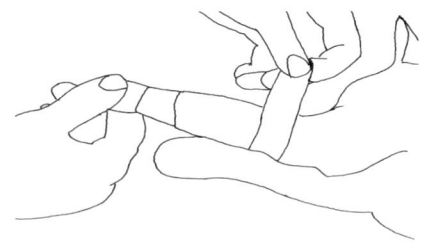

Abbildung 39.1

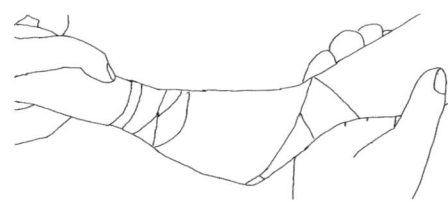

Der wird auch hier links und rechts teilweise auf dem Fell fest geklebt (Abb. 39.1). Ist die Wunde in der Nähe des Gelenks wird dieses mitbandagiert (Abb. 39.2).

Abbildung 39.2

6.1.3 Hals und Schultern

Die Wunde wird mit einer Kompresse abgedeckt und falls nötig mit Klebestreifen fixiert. Dann wickelt man eine Mullbinde mehrmals um Hals, Brust und zwischen den Vorderbeinen hindurch. Die verwundete Stelle muss dabei am meisten bedeckt sein. Mit Pflasterstreifen klebt man das Ende des Verbandes am Fell fest (Abb. 39.3).

Abbildung 39.3

6.1.4 Brust und Bauch

Eine Kompresse wird auf die Wunde gelegt und mit Pflaster fest geklebt. Darüber wickelt man mehrmals eine Mullbinde, die dann ebenfalls mit Pflaster an dem Fell fest geklebt wird. Hier ist es nicht nötigt den Verband um weitere Gliedmaßen zu wickeln.

6.1.5 Oberschenkel

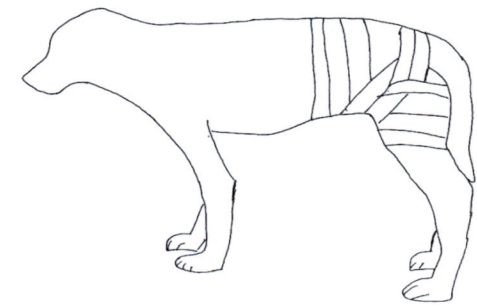

Auf die Wunde wird eine Kompresse gelegt und mit Klebestreifen fixiert. Die Kompresse wird dann mit einer Mullbinde umwickelt. Diese wird weiterhin um die Flanken und den Bauchraum gewickelt, um ihn vorm Abrutschen zu sichern. Abschließend wird die Mullbinde mit Klebeband ans Fell geklebt (Abb. 40.1).

Abbildung 40.1

6.2 Knochenbrüche, Verrenkungen und Verstauchungen

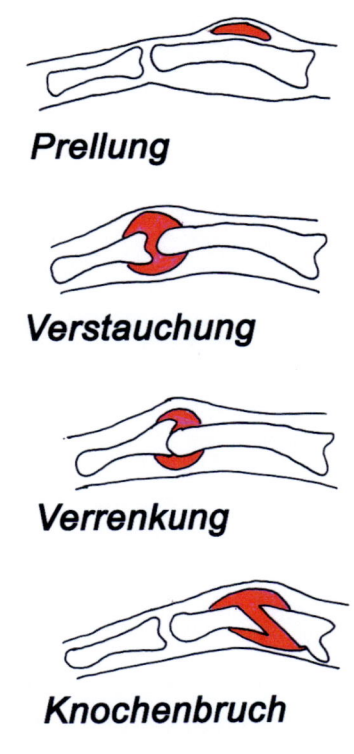

Prellung

Verstauchung

Verrenkung

Knochenbruch

Abbildung 40.2

Nach äußeren Krafteinwirkungen können die Knochen verletzt werden. Abbildung 40.2 zeigt, wie solche Verletzungen aussehen können. Bei einer Verrenkung verlieren die beiden knöchernen Teile eines Gelenks den Kontakt zueinander, wobei die Bänder verletzt werden. Überdehnt werden die Bänder bei einer Verstauchung. Das Gelenk bleibt dabei jedoch unverletzt. Knochenbrüche sind wohl die schwersten Verletzungen des Stütz- und Bewegungsapparates. Man unterscheidet dabei in erster Linie zwischen kompletten Brüchen, wie in Abbildung 40.2 unten, und Trümmerbrüchen, dabei splittert der Knochen. Es kann auch passieren, dass der Knochen nur teilweise gebrochen ist. Zudem gibt es noch den offenen Bruch, d.h., dass ein Teil des Knochens die Haut durchtrennt hat und rausragt. Für Laien ist es meist unmöglich, zu sagen, um welche Art von Bruch es sich handelt. Man kann jedoch Knochenbrüche und Gelenkverletzungen erkennen und abschätzen.

6.2.1 Diagnose

Die Symptome einer Verletzung des Stütz- und Bewegungsapparates können Schmerzen bei Bewegungen oder Belastung des Körperteils sein, welche sich durch langsame, vorsichtige, unsichere und/oder verkürzte Bewegungen äußern. Meist lahmt das Tier. Häufig kann die betroffene Gliedmaße nicht mehr bewegt oder aufgesetzt werden. Ist die Lahmheit nur gering und setzt nach kurzer Zeit wieder aus, kann man davon ausgehen, dass es sich um keine schwerwiegende Verletzung handelte. Lässt aber auch nur geringe Lahmheit nicht nach, so muss man mit einer Verletzung rechnen, die von einem Tierarzt behandelt werden muss.

Ein weiteres Symptom kann eine Schwellung sein. Um festzustellen, ob ein Gelenk oder Bein angeschwollen ist, vergleicht man es mit dem gegenüberliegenden gesunden Bein. Ist das Gelenk eindeutig verformt, handelt es sich wahrscheinlich um eine Verrenkung.

Auch die Form und Länge der Gliedmaße kann auf einen Bruch hinweisen. So können bei kompletten Brüchen die Gliedmaßen verkürzt und verdickt sein. Eine abnorme Form ist ein eindeutiges Zeichen für einen Bruch. Auch können die betroffenen Gliedmaßen schlapp herunter hängen.

Offene Brüche sind gefährliche Verletzungen. Der Knochen bohrt sich durch Muskel und Haut. Dabei können auch wichtige Blutgefäße durchtrennt werden, was zu lebensbedrohlichen Blutungen führen kann. In diesem Fall muss man abbinden.

Tritt Lahmheit ohne offensichtlichen Grund auf, wird die gesamte Gliedmaße bei einem Bodycheck vorsichtig abgetastet und die Gelenke vorsichtig bewegt. Reagiert das Tier mit einer Schmerzreaktion, sind die Gelenke nicht normal beweglich oder treten knirschende Geräusche auf, muss man das Tier ruhigstellen. Beim Bodycheck fängt man mit den Zehen an. Dabei werden erst die Zwischenräume nach Fremdkörpern oder Verletzungen untersucht. Weiter werden die Gelenke der Zehen nach Schwellungen betrachtet und die Gelenke vorsichtig mit Daumen und Zeigefinger bewegt. So tastet man die Gliedmaße von unten nach oben ab und untersucht jedes Gelenk.

Bei möglichen Verletzungen der Wirbelsäule darf ein bewusstloses Tier nur so wenig und vorsichtig wie möglich bewegt werden.

6.2.2 Ruhigstellen mit einer Schiene

Im Allgemeinen darf man bei einer Verletzung des Stütz- und Bewegungsapparates keinen weiteren Druck auf die Gliedmaße ausüben. Das heißt nicht verbinden oder s chienen. Ist das Bein jedoch eindeutig schwerwiegend verletzt und der Unfall passierte im Freien und das Tier kann nicht getragen werden, muss eine Schiene angelegt werden, um weitere schwerwiegende Verletzungen zu vermeiden. Kann sich ein Tier von allein bewegen (z.B. schwerfällig auf drei Beinen), sollte es das auch tun, wenn es nicht getragen werden kann.

Die Art und Weise des Schienens hängt davon ab, welcher Teil der Gliedmaßen betroffen ist.

Neben Mullbinden, Wattebäuschen und Pflasterband benötigt man auch eine Schiene. Die Größe hängt von der Größe des Tieres und der verletzten Gliedmaße ab. Sie muss flach, im Querschnitt rechteckig, stabil und leicht sein. Offene Brüche und starke Deformationen sind jedoch mit besonderer Vorsicht zu genießen und im Zweifelsfall nicht zu schienen.

6.2.2.1 Pfote und Unterarm

Um die Vorderpfote und den Unterarm zu schienen, bandagiert man diese zuerst. Die Bandage darf nicht zu stramm sitzen. Darüber legt man eine Schicht Watte, die man wiederum mit einer zweiten Bandage fixiert. Als Schiene genügen drei gleichlange Stäbe, die an den Seiten und der Unterseite der Pfote mit Pflaster befestigt werden (Abb. 42.1)

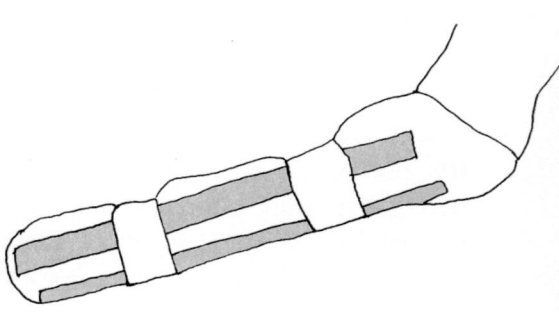

Abbildung 42.1

6.2.2.2 Ellenbogen, Oberarm und Schulter

Ein bis zwei Mullbinden, je nach Größe des Hundes, werden von oben nach unten um den Hals und das verletzte Vorderbein gewickelt. Das Bein wird dabei gebeugt und an den Brustkorb herangezogen. Um zu verhindern, dass das Tier das Bein nicht strecken kann, wird die Laufrichtung des Verbandes mehrmals beim Wickeln gewechselt und die Binde vor der Pfote entlang geführt. Das Ende der Mullbinde wird mit Pflasterband fixiert (Abb. 43.1).

Abbildung 43.1

6.2.2.3 Sprunggelenk und Unterschenkel

Mit einer Mullbinde werden Gliedmaße, Flanke und Bauch umwickelt. Darüber wird eine Schicht Watte angelegt, die mit einer weiteren Bandage befestigt wird. Drei genügend lange Schienen werden angelegt, jeweils eine an den Seiten und eine vorn. Die Schienen werden mit Klebestreifen festgeklebt (Abb. 43.2).

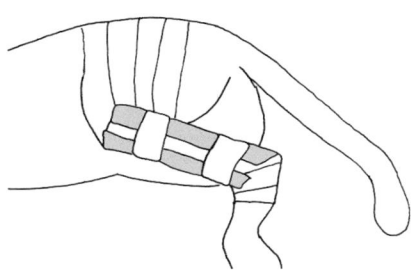

Abbildung 43.2

6.2.2.4 Knie und Oberschenkel

Bei kleinen Hunden und Katzen kann man eine provisorische Krücke (Abb. 44.1) bauen. Dazu biegt man dicken Draht zu einem ovalen Kreis. An dem Teil, der an den Oberschenkel gelegt wird, spannt man mit Watte und Pflasterband eine Verbindung zwischen beiden Seiten und legt diese in die Innenseite des Oberschenkels. In der Mitte und im unteren Teil baut man ebenso Verbindungen, diese jedoch werden um das Bein gewickelt. Der Bau dieser Konstruktion ist sehr Zeitaufwändig und nicht ganz einfach. Es ist zu überlegen, ob das Tier nicht besser getragen werden kann.

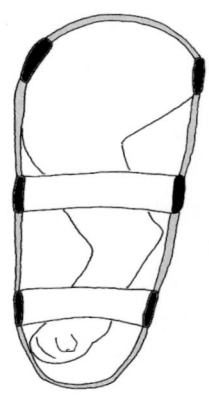

Abbildung 44.1

Abbildung 44.2

Bei großen Hunden legt man direkt eine Schiene an, wie in der Abbildung 44.2 zu sehen ist. Der Bereich zwischen der Schiene und dem Bein polstert man mit Watte aus. An den Fixpunkten befestigt man die Schiene mit Pflasterband am Fell.

6.2.3 Tipps für improvisierte Schienen

Da man bei der Konstruktion von Schienen nicht bedingt auf Sterilität achten muss, kann man auch anstelle von Mullbinden Stoffstreifen aus der Kleidung oder aus Handtüchern verwenden.

Die Watte kann durch jedes andere weiche Material, also auch durch Stofffetzen, ersetzt werden.

Die Schienen müssen stabile Stäbe oder Stöcke sein. Auch Stäbe aus Plastik oder Metall sind hierfür geeignet. Im größten Notfall kann auch das verletzte Bein in Zeitungspapier oder Wellpappe gewickelt werden.

Hat man kein Pflasterband zur Hand, helfen auch Schnürsenkel, Bindfäden, etc.

Man sollte nur darauf achten, dass man dem Tier nicht durch einschneidende Fäden oder Abbinden der Blutgefäße zusätzlich schadet.

Schienen können auch aus Stroh oder dünnen Gehölz gebaut werden. Dazu polstert man mit einem Taschentuch ab und schient das Bein rundum mit einer dichten Lage Stroh. Das Stroh wird dann mit Klebeband oder Schnüren umwickelt und verknotet.

6.3 Amputationsverletzungen

Wurde bei einem Unfall ein Teil einer Gliedmaße oder eine ganze abgetrennt, gibt es eventuell noch die Chance diese wieder anzunähen. Jedoch muss man das abgetrennte Stück direkt in einen Beutel legen und fest zuknoten. Diesen Beutel legt man in einen weiteren Beutel mit kaltem Wasser und Eisstücken im Verhältnis 1:1. Mit niedrigen Temperaturen verringert man die Gewebeschädigung. Allerdings können Temperaturen von weniger als 4°C zu Erfrierungen führen. Man darf nicht das Blut abtropfen lassen, damit die Gliedmaße nicht austrocknet.

Die Blutungen am Körper müssen natürlich zuerst behandelt werden. Durch die Abtrennung sind die abgetrennten Blutgefäße meist kurzzeitig durch Krämpfe geschlossen. Lösen diese sich aber wieder, droht die Gefahr der Verblutung. Mit den schon beschriebenen Blutstillungsmaßnahmen muss man versuchen, die Blutung von Anfang an zu stoppen.

6.4 Verletzungen an den Augen

Verletzungen an den Augen können sehr gefährlich für das Tier werden. Sie passieren schnell beim Rennen durch Sträucher o.ä. Sie müssen umgehend behandelt werden. Dabei spielt es keine Rolle, ob es sich um eine Verletzung der Lider oder des Auges selbst handelt. Erkennen lassen sie sich, neben Blutungen, durch Rötungen und starkem Tränenfluss. Abbildung 45.1 zeigt den schematischen Aufbau eines Säugerauges.

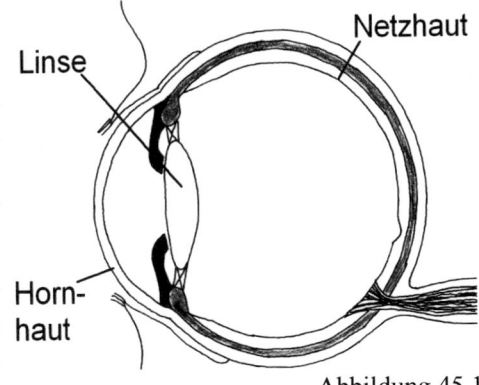

Abbildung 45.1

6.4.1 Verletzungen der Augenlider

Die Augenlider schützen das Auge vor äußeren Einflüssen wie Schlägen, Kratzern, Dreck etc. Daher ist die Gefahr einer Verletzung der Lider besonders hoch.

Das dritte Augenlid befindet sich in den inneren Augenwinkeln und ist meist gar nicht zu sehen. Um sich ein Urteil über eine Augenverletzung zu machen, muss man es vorsichtig untersuchen. Dazu zieht man mit einer Hand die Haut über dem Auge nach oben und mit der anderen Hand die Haut unter dem Auge nach unten. So kann man das Ober- und Unterlid, das dritte Lid und den sichtbaren Teil des Auges untersuchen.

Blutergüsse und Blutungen sind häufig an den Lidern zu sehen, da sie von vielen Adern durchzogen sind. Aber auch tiefe Risse, bei denen die Haut durchtrennt wurde, passieren. Diese sind besonders gefährlich. Risse im Lidrand schränken die Funktionsfähigkeit des Auges enorm ein.

Als Erste-Hilfe-Maßnahme kann man bei schwachen Blutungen eine Kompresse einige Minuten schwach aufdrücken. Da das Auge immer feucht gehalten werden muss, empfiehlt es sich, die Kompresse vorher mit kaltem Wasser anzufeuchten. Eisbeutel oder Eispacks verhindern eine Schwellung und helfen die Blutung zu stoppen. Aber niemals darf ein Eisbeutel, Eispack oder andere Mittel, wie Desinfektionsmittel, direkt mit dem Auge in Berührung kommen. Dies kann zu irreparablen Schäden führen.

Risse in den Lidern müssen vom Tierarzt genäht werden.

Ist die Blutung zum Stillstand gekommen oder das Tier wird transportiert, muss ein Verband angelegt werden.

6.4.2 Verband am Auge

Um das Auge zu bandagieren, legt man eine feuchte Kompresse über das Auge und wickelt eine Binde darüber. Dabei wickelt man den Verband erst mehrmals abwechselnd unterm Kinn und um das gegenüberliegende Ohr. Anschließend wird der Verband zwischen dem gesunden Auge und Ohr herumgeführt. Der Rest der Bandage wird nun in der neuen Richtung bis zum Ende aufgewickelt und mit Pflasterband fixiert.

Leichter, aber weniger stabil ist es, wenn man einfach eine feuchte Kompresse über das Auge legt und sie mit Pflasterstreifen an dem Fell festklebt (Abb. 34.1).

Abbildung 46.1

6.4.3 Verletzung der Hornhaut

Die Hornhaut ist nur durch die Lider geschützt und daher besonders verletzungsanfällig. Vor allem Hunde- und Katzenrassen mit vorstehenden Augen sind anfällig für Verletzungen der Hornhaut.

Abschürfungen der Hornhaut sind relativ ungefährlich, da nur die äußere Schicht betroffen ist. Allerdings ist eine Abschürfung nur schwer zu erkennen, weil die Hornhaut durchsichtig ist. Hinweise auf eine Abschürfung sind: häufiges Blinzeln, gesteigerter Tränenfluss und/oder Rötungen. Die Erste Hilfe bietet hier kaum Handlungsmöglichkeiten.

Schwerwiegendere Verletzungen sind Risse der Hornhaut. Dabei kann sogar die Glasflüssigkeit, die sich in der Augenkammer befindet, austreten. Das Tier versucht dann krampfhaft das Auge geschlossen zu halten, ist unruhig und sondert viel Tränenflüssigkeit ab. Die Risse sind meist gut erkennbar. Ist die Hornhaut durchtrennt, sieht das Auge kleiner aus als normal. Auch können dann innere Teile des Auges hervortreten. Auch bei solchen Verletzungen hilft nur der Gang zum Tierarzt und eine schützende Bandage.

6.4.4 Fremdkörper im Auge

Fremdkörper im Auge sind meist unter dem Lid. Sie sind sehr unangenehm, das Tier wird unruhig sein, stets blinzeln und stark tränen. Verursacht der Fremdkörper Schmerzen, wird sich das Tier die Augen wiederholt mit der Vorderpfote reiben.

Da es für Laien schwierig ist und somit für das Augenlicht des Tieres gefährlich, will ich hier nur die Entfernung von leicht erreichbaren Fremdkörpern, wie Dreck oder Fliegen, ansprechen.

Wie schon erwähnt, spreizt man die Augenlider und untersucht das Auge nach Fremdkörpern. Kann man diese problemlos sehen, versucht man sie mit einem feuchten Tuch zu entfernen.

Lässt sich der Fremdkörper nicht entfernen, ist es stets ratsam und das Beste für das Tier, wenn man einen Tierarzt aufsucht. Das gleiche gilt, wenn ein Dorn im Auge steckt. Versuchen Sie niemals mit einer Pinzette oder den Fingern Fremdkörper aus dem Auge zu entfernen!

6.4.5 Schwere Augenverletzungen

Mögliche Anzeichen für schwere Augenverletzungen sind äußere und innere Blutungen. Dabei ist meist ein breiter roter Halbmond hinter der Hornhaut zu sehen, der auch die ganze Pupille bedecken kann. Eine Ablösung der Linse, erkennt man an der abnormen Lage. Weiter kann sich der Augapfel aus der Augenhöhle lösen. Dies führt meist zum Verlust des Augenlichts und kommt verstärkt bei Hunden und Katzen mit platter Schnauze und vorstehenden Augen vor.

Blutungen müssen wie bereits besprochen mit einer feuchten Kompresse und einem Verband behandelt werden. Hervorgetretene Augäpfel müssen während dem Transport zum Tierarzt sauber und feucht gehalten werden. Dazu benutzt man am besten Augenwasser, das man in der Apotheke erhält, aber auch normales Leitungswasser kann genutzt werden. Da der Augapfel sehr empfindlich ist darf man niemals Druck auf ihn ausüben und keinen Verband anlegen. Ebenso darf man nicht versuchen, den Augapfel zurück in die Augenhöhle zu drücken.

Der Gang zum Tierarzt ist auch hier unerlässlich!

6.5   Verletzungen an den Ohren

Oberflächliche Verletzungen der Ohren sind meist relativ harmlos. Durch Raufereien oder Dornenbüsche verletzen sich hauptsächlich Tiere, die viel Freilauf haben. Meist handelt es sich um Risse und andere Verletzungen an der Ohrmuschel. Diese bluten zwar stark, sind aber nicht lebensbedrohlich.

6.5.1 Verletzungen der Ohrmuschel

Die Verletzungen an den Ohrmuscheln liegen zwischen Kratzern, Rissen und einer völligen Abtrennung der Ohrmuschel. Wie schon erwähnt, sind solche Wunden nicht sehr gefährlich, da sie aber stark bluten, müssen sie behandelt werden, um Infektionen zu vermeiden. Um die Blutungen zu stoppen, drückt man mit Daumen und Zeigefinger eine Kompresse auf die Wundränder. Nach wenigen Minuten müssten sich die Blutgefäße geschlossen haben. Sollte das nicht der Fall sein, wird weiter abgedrückt. Ggf. kann man, wie bereits beschrieben, mit Eisbeuteln den Blutungsstillstand unterstützen. Anschließend entfernt man mit einer feuchten Kompresse geronnenes Blut und Fell von der Wunde. Wenn möglich schneidet man das Fell rund um die Wunde ab. Weiterhin wird die Wunde mit Desinfektionsmittel gesäubert.

Zum Schluss legt man eine Kompresse auf die Wunde auf und schient die Ohrmuschel mit einem breiten Pflasterstreifen indem man ihn auf der Innen- und Außenseite der Ohrmuschel festklebt (Abb. 49.1).

Abbildung 49.1

6.5.2 Blutblase im Ohr

Blutblasen im Ohr bilden sich meist bei Hunden mit aufrecht stehenden Ohrmuscheln. Sie entstehen nach Kämpfen oder Entzündungen durch verletzte Blutgefäße zwischen Haut und Knorpel. Die Blutblasen sehen aus wie Schwellungen. Sie sind unförmig und weich. Solange das Tier sich durch die Blase nicht gestört fühlt, wird eine Blutblase selten bemerkt. Stört sie das Tier jedoch, so lässt das Tier sein Ohr runterhängen und/oder schüttelt häufig den Kopf. Platzt dann die Blase, kommt es zu einer Blutung, die nur langsam zum Stillstand kommt. Um die Blutung zu stoppen, wird wie in Kapitel 6.5.1 mit Daumen und Zeigefinger abgedrückt und ggf. mit Eisbeuteln gekühlt. Für einen sicheren Transport zum Tierarzt wird das Ohr mit Plasterstreifen geschient. Das Pflaster darf dabei die Blutblase nicht berühren.

6.5.3 Bandagieren des Ohres

Bisher wurde gezeigt, wie man ein Ohr schient. Oft muss man aber das ganze Ohr bandagieren. Dabei gibt es mehrere Möglichkeiten. Entweder man legt das verletzte Ohr auf dem Kopf über das gesunde und klebt beide mit Pflastern zusammen. Eine andere Möglichkeit ist es, nur das verletzte Ohr ruhigstellen, indem man es von außen und innen mit Pflasterstreifen an den Kopf klebt. Anschließend klebt man einen Streifen einmal um den Hals und verklebt das Ende mit dem Klebeband am Ohr (Abb. 50.1). Die letzte Möglichkeit ist, das Ohr flach an den Hinterkopf zu legen und mit einer Mullbinde um Kopf und Hals wickeln (Abb. 50.2). Allerdings muss man darauf achten, dass das Tier noch frei und problemlos atmen kann.

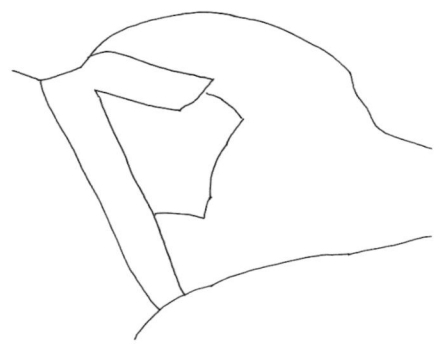 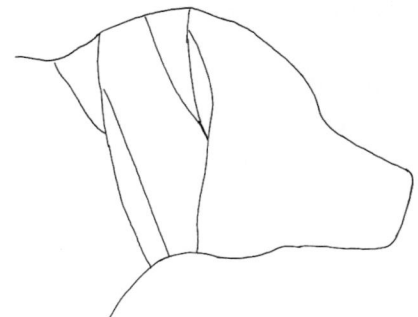

Abbildung 50.1

Abbildung 50.2

6.5.4 Fremdkörper im Ohr

Anzeichen dafür, dass dem Tier ein Fremdkörper im Ohr sitzt, kann häufiges Kopfschütteln oder ein stets schief gehaltener Kopf sein. Außerdem wird sich das Tier wiederholt am Ohr kratzen. Die Fremdkörper sind meist Gras- oder Getreidesamen, die sich beim Rennen durch hohe Wiesen am Fell festsetzen und haften bleiben. Sie können auch tief in das Innere des Ohres, bis zum Trommelfell, gelangen und dort Schaden anrichten. Auch Zecken oder Splitter können in das Ohr gelangen. Hat man den Verdacht, dass dem Tier ein Fremdkörper im Ohr sitzt, untersucht man die Ohrmuschel von innen nach außen. Mit Hilfe einer Taschenlampe betrachtet man dann den äußeren Gehörgang. Tief eingedrungene Fremdkörper sind kaum zu entdecken. Fremdkörper die im äußeren Gehörgang sitzen kann man mit einer stumpfen Pinzette entfernen. Sitzt der Fremdkörper jedoch zu tief, muss unbedingt ein Tierarzt aufgesucht werden.

6.6 Verletzungen der Schnauze

Verletzungen an der Schnauze lassen sich meist schnell erkennen. Durch den direkt unter der Haut liegenden Knochen und das dünne Fell an der Schnauze sind Platzwunden häufig. Ebenso häufig sind Biss- und Kratzwunden durch andere Tiere. Bei Blutungen muss man unterscheiden zwischen Blutungen aus den Nasenlöchern oder Verletzungen der Haut. Blutungen an der Haut bringt man wiederum mit einer Kompresse, die aufgedrückt wird, zum Stillstand. Nachdem die Wunde gereinigt und gesäubert wurde, wird eine Kompresse aufgelegt und mit Pflastern fixiert. Blutungen aus der Nase werden mit einer Kompresse abgewischt. Bei Blutungen aus und um die Nase muss man stets darauf achten, dass keine Störungen der Atmung entstehen.

6.6.1 Fremdkörper in den Nüstern

Normalerweise schnaubt ein Tier Fremdkörper in den Atemwegen alleine aus. Sie sind für die Tiere sehr unangenehm, was sich durch unruhiges Verhalten und häufiges Schnauben bzw. Niesen äußert. Mit Hilfe einer Taschenlampe kann man versuchen den Fremdkörper zu finden, wenn man zuvor den Nasenausfluss abwischt. Mit einer stumpfen Pinzette kann man dann die Fremdkörper herausziehen, die leicht zu ergreifen sind. Lässt sich der Fremdkörper nicht leicht entfernen, muss ein Tierarzt aufgesucht werden.

6.6.2 Maulverletzungen

Verletzungen am Maul, die durch Chemikalien oder Insektenstiche verursacht sind, werden in Kapitel 8 behandelt. Hier geht es um Verletzungen die nach Unfällen oder Zwischenfällen mit anderen Tieren entstehen können.

Zunächst muss man die Lippen untersuchen. Wunden in den Lippen bluten generell ziemlich stark, da das Gewebe dort gut durchblutet wird. Im nächsten Schritt werden die Zähne untersucht, indem man die Lippen vorsichtig anhebt. Zwar sind abgebrochene Zähne und Fehlstellungen recht häufig, aber nicht immer direkt zu erkennen. Als nächstes öffnet man langsam und vorsichtig das Maul. Reagiert das Tier mit einer Schmerzreaktion, sind wahrscheinlich Kiefer oder Kiefergelenk verletzt. Man darf dann den Kiefer nicht durch weitere Untersuchungen unnötig belasten. Zuletzt werden der Gaumen und die Zunge untersucht.

Verletzungen an der Lippe werden wie jede andere Wunde auch reinigt und gesäubert. Durch Aufdrücken einer Kompresse wird eine Blutung gestoppt. Verletzungen am Kiefer wie Brüche oder Verrenkungen können nur vom Tierarzt behandelt werden. Beim Transport ist dann darauf zu achten, dass dieser nicht unnötig belastet wird.

7. Hitze- und Kälteschäden

7.1 Der Wärmehaushalt

Säugetiere sind auf konstante Körpertemperaturen angewiesen, die bei wechselnder Umgebungstemperatur durch Regulationsmechanismen aufrechterhalten werden. Dazu ist ständige Energiezufuhr wichtig. Die wird durch die Verbrennung von Nährstoffen gewonnen. Bei körperlicher Arbeit steigert sich der Energiehaushalt und damit die Verbrennung und es fällt mehr Wärme an. Der Körper registriert ständig seine Temperatur und steuert über das vegetative Nervensystem die Wärmeabgabe. Er hält so seine Körperkerntemperatur konstant. Hunde und Katzen haben eine konstante Körperkerntemperatur von 38,5°C bis 39°C.

Muss sich der Körper vor Überwärmung schützen, werden die kleinen Blutgefäße der Haut weitgestellt. Die Haut wird erwärmt und kann so überschüssige Wärme abgeben. Weiterhin wird das Fell eng angelegt, damit die isolierende Schicht des Fells möglichst klein ist. Reichen diese Mechanismen nicht aus, können die Tiere noch artspezifische Kühlmöglichkeiten, wie Schwitzen und Hecheln, anwenden.

Um sich vor einer Unterkühlung zu schützen, werden die Gefäße in der Haut enggestellt. Dadurch wird die Haut kühler und die Wärmeabgabe an die Umgebung verringert. Zusätzlich wird durch das Aufstellen der Körperhaare ein großes Luftpolster zwischen der Haut und der äußeren Fellschicht gebildet. Diese Luftschicht wirkt isolierend.

7.2 Kälteschäden

7.2.1 Erfrierungen

Erfrierungen sind Schädigungen des Gewebes, die durch zu starke Kälte hervorgerufen werden. Besonders anfällig sind schlecht durchblutete Körperteile wie die Ohren, Zehen usw. Im Falle einer Erfrierung ist die betroffene Haut kalt, blass und unempfindlich. Bei schweren Gebwebeschädigungen löst sich die Haut mehr oder weniger stark ab.

Bei der Ersten Hilfe muss das Tier zugedeckt werden, um den Eigenwärmeerhalt zu unterstützen. Die betroffenen Körperteile werden sacht mit lauwarmem Wasser (nicht über 40°C) begossen oder mit warmen Umschlägen behandelt. Eine Besserung tritt ein, wenn die Haut sich erwärmt und sich langsam rötet. Dann wird die Haut, ohne stark zu reiben, besser nur tupfend, abgetrocknet. Eine dünne Ölschicht hindert die Haut daran sich abzulösen und gibt ihr die nötige Feuchtigkeit.

7.2.2 Unterkühlung

Während sich Erfrierungen meist nur auf außen stehende Gliedmaßen beziehen, ist bei einer Unterkühlung der ganze Körper betroffen. Man versteht darunter ein Auskühlen der Körperkerntemperatur, das zum Tode führen kann. Zunächst versucht der Körper durch Zittern in der Muskulatur Wärme zu erzeugen. Ist dies jedoch erfolglos, verlangsamen sich bald alle Körperfunktionen, bis sie letzten Endes komplett versagen. Häufig sind junge, schwache und alte Tiere betroffen, die sich zu lange bei niederen Temperaturen ohne Futter und Bewegungsmöglichkeiten im Freien aufhalten. Ebenso kann auch eine Wassertemperatur von unter 5°C einen schwimmenden, eigentlich gesunden Hund nach wenigen Minuten schädigen.

Um eine Unterkühlung sicher festzustellen, muss man die Körpertemperatur des Tieres messen (vgl. Kapitel 1.6). Bei einer Körpertemperatur von weniger als 37°C sind Herzschlag und Atmung bereits zu stark beeinträchtigt. In diesem Fall muss unbedingt sofort ein Tierarzt aufgesucht werden!

In der Ersten Hilfe versucht man umgehend, das Tier an einen warmen und geschützten Ort zu bringen. Dort wird das Tier in eine Decke eingehüllt. Ein unterkühltes Tier darf niemals starker Hitze ausgesetzt werden, da eine zu rasche Erhöhung der Körperkerntemperatur zu einem tödlichen Schock führen kann. Durch plötzliche starke Hitze erweitern sich die Blutgefäße rasant, was zu einer möglichen Verringerung der Blutmenge in den inneren Organen führt (Volumen-Mangel-Schock). Das heißt, niemals das Tier direkt an eine Heizquelle legen. Ist das Tier nass, wird es nur mit einem Handtuch abgetrocknet. Ein Haarfön lässt das Wasser zu schnell verdunsten, was zu weiterer Auskühlung führen wird.

Bei schweren Unterkühlungen wird, um die Blutzirkulation wieder anzuregen, das Tier in warmes Wasser (etwa 40°C bis 45°C, aber nie über 50°C) gelegt und massiert.

Anzeichen für eine Erholung können gesteigertes Interesse, lebhaftere Kopfbewegungen und Zittern sein. Nach etwa 20 Minuten sollte man die Körpertemperatur erneut messen.

7.3   Hitzeschäden

7.3.1 Verbrennungen und Verbrühungen

Verbrennungen und Verbrühungen sind Verletzungen der Hautoberfläche, die durch Kontakt mit starker Hitze von Wasser, Gas, Kochplatten usw. entstehen. Auch Verätzungen und Stromschläge verursachen Verbrennungen.

Unsere Haustiere sind vor heißem Dampf recht gut durch ihr Fell geschützt. Dabei sind jedoch die Augen und Atemwege ungeschützt. Heiße Gegenstände wie Herdplatten verursachen meist eine örtlich begrenzte Verbrennung, häufig an den Pfoten. Kochendes Wasser und Feuer verursachen neben kochendem Öl die schlimmsten Verbrennungen.

Um eine Verbrennung beurteilen zu können, muss man die Art der Verbrennung, die Dauer des Kontaktes, die Größe der Verbrennung (Ist mehr als die Hälfte der gesamten Hautoberfläche verbrannt gibt es nur noch selten Hoffnung.) und den Sitz der Verbrennung kennen. Man unterteilt Verbrennungen in drei Grade, die sich wie folgt auszeichnen:

Erster Grad: Starke Hautrötungen durch die Erweiterung der Blutgefäße.

Zweiter Grad: Neben den Hautrötungen entstehen Brandblasen, die mit Blutserum gefüllt sind.

Dritter Grad: Dabei löst sich die Haut und die betroffenen Gewebestellen sterben ab und hinterlassen den sogenannten Brandschorf (Verkohlung).

Durch die entstehenden Schmerzen und den gesunkenen Blutdruck fällt das Tier, bei schweren Verletzungen in einen Schockzustand. Dazu führt auch der hohe Flüssigkeitsverlust, durch die Ansammlungen von Blutserum in den Brandblasen. Ebenso können sich Giftstoffe bilden, die nach einigen Tagen noch tödlich sein können.

Bei der Behandlung von Brandwunden muss man die betroffene Stelle ca. 20 Minuten kühlen. Dazu duscht man am besten die Wunden mit kaltem Wasser ab oder legt das Tier in kaltes Wasser (kein Eis direkt auf die Wunde legen). Um zu verhindern, dass das Tier noch mehr an Flüssigkeit verliert, dürfen die Verbrennungen nicht abgerieben, sondern nur vorsichtig abgetupft werden, so können die Brandblasen nicht platzen. Ebenso darf man Brandblasen nicht aufstechen. Verbrennungen werden nicht mit Ölen oder Salben eingerieben. Auch die alte Haushaltsregel, Mehl auf die Wunde zu geben, schadet dem Tier mehr als das sie hilft. Tiefe Verbrennungen deckt man am besten mit einem

Brandwundenverbandstuch ab. Diese sind extra mit Aluminium dampfbeschichtet und verbinden sich nicht mit der Wunde. Normale Stoffe oder Kompressen „wachsen" schnell in die Wunde ein und müssen später herausgeschnitten werden.

Ist das Tier mit einer ätzenden Substanz in Berührung gekommen, wird die verätzte Stelle ebenfalls unter fließenden Wasser gehalten, um die Substanz zu neutralisieren. Jedoch muss man hier darauf achten, dass das abfließende Wasser möglich wenig über den restlichen Körper fließt, um weitere Verätzungen zu verhindern.

7.3.2 Hitzschlag

Wie oben schon erwähnt schwitzen Hunde und Katzen nicht. Sie geben ihre Körperwärme durch Hecheln oder Ablecken ab. Steigt die Außentemperatur aber so stark an, dass diese Mechanismen zur Regulierung des Wärmehaushaltes nicht mehr ausreichen, droht dem Tier ein Hitzschlag. Dies kann z.B. geschehen, wenn die Tiere ohne ausreichende Frischluftzufuhr in Autos, die in der prallen Sonne stehen, verweilen müssen. Ein Hitzschlag ist zunächst an einer zunehmenden Teilnahmslosigkeit, bis hin zur Bewusstlosigkeit, zu erkennen. Definitiv kann man von einem Hitzschlag sprechen, wenn die Körpertemperatur über 40°C liegt. Auch mit der bloßen Hand kann man eine Überhitzung spüren.

Um dem Tier zu helfen, die normale Körpertemperatur wieder zu erreichen, bringt man es an einen kühlen und gut belüfteten Ort. Mit kaltem Wasser befeuchtet man das Fell und wedelt frische Luft zu. Ebenso kann man das Tier in ein kühles Bad legen, wobei man natürlich darauf achten muss, dass das Tier nicht ertrinkt. Den Kopf kann man mit einem Eisbeutel, der nicht direkt aufgelegt wird, kühlen, wenn das Tier bei Bewusstsein ist.

Da die Merkmale und Behandlungen für Hitzschlag und Sonnenstich, der bei Tieren auch eher selten ist, nahezu identisch und vom Laien kaum zu unterscheiden sind, möchte ich nicht zusätzlich darauf eingehen.

8.   Chemikalien und Gifte

8.1   Vergiftungen

Junge, aber auch alte Haustiere zeichnen sich oft durch ein großes Neugier- und Erkundungsverhalten aus. Wie bei Kleinkindern ist jedes Putzmittel, Gartengift, Dünger etc. aus der Reichweite des Tieres zu entfernen und fernzuhalten.

Es gibt verschiedene Möglichkeiten, wie sich ein Tier im Haushalt oder im Freien vergiften kann: Schlucken, Einatmen oder direkter Hautkontakt. Tiere können sich jedoch nicht nur im Haushalt an diversen Mitteln vergiften, sondern auch an Pflanzen. Die Einnahme von Giften löst Reaktionen aus, die den ganzen Körper ebenso in Mitleidenschaft ziehen können wie einzelne Organe.

In der folgenden Tabelle werden die häufigsten und giftigsten Pflanzen, sowohl für Hunde und Katzen, als auch für Kleinsäuger und Vögel, gezeigt. Zwar sind nur die wenigsten tödlich, aber dennoch wirken sie schädlich auf den Organismus. Alle kommen entweder in der heimischen oder benachbarten Flora vor oder sind beliebte Garten-, Kübel- oder Zierpflanzen. Natürlich bestimmt meist die Menge der aufgenommenen Pflanzen den Grad der Vergiftung.

Pflanze	Giftiger Teil	Auswirkung
Eisenhut	Blätter, Samen, Wurzel	Erbrechen, Durchfall, Krämpfe, Herzversagen
Buchsbaum	Blätter	Magen- und Darmreizungen
Maiglöckchen	komplett	Magen- und Darmreizungen, Herzprobleme
Weihnachtsstern	Blätter, Blüten	Magen- und Darmreizungen
Efeu	Samen, Blätter, Stängel	Magen- und Darmreizungen, Depressionen, verlangsamte Herzfrequenz
Christrose	komplett	Magen- und Darmreizungen, Herz- und Atemprobleme
Hortensie	Blätter, Blüten	Magenschmerzen, Erbrechen, Durchfall
Stechpalme	Früchte	Erbrechen, Durchfall
Oleander	komplett	Magen- und Darmreizungen, Herzversagen
Jungfernrebe	Früchte	Magen- und Darmreizungen
Philodendron	Blätter, Stängel	Magen- und Darmreizungen, Nierenschäden bei Katzen
Rhododendron	Blüten, Blätter	Erbrechen
Eibe	Blätter, Samen	Magen- und Darmreizungen, Krämpfe, Herz-Kreislauf
Glyzine	Samen, Früchte	Magen- und Darmreizungen

Hat sich ein Tier, trotz aller Vorsichtsmaßnahmen, vergiftet, ist es schwer festzustellen ob die Symptome von einer Vergiftung stammen oder andere Ursachen haben. Ist jedoch klar um was für ein Gift es sich handelt, muss dies unbedingt dem Tierarzt mitgeteilt werden. Ebenso wichtig sind die Menge des aufgenommenen Giftes und die vergangene Zeit seit der Aufnahme. Je besser man diese Fragen beantworten kann, desto zielstrebiger und effektiver kann der Tierarzt das Tier behandeln.

Ist es dem Tierhalter nicht möglich umgehend einen Tierarzt aufzusuchen, muss er eigene Maßnahmen ergreifen. Natürlich ist als erstes zu verhindern, dass das Tier weiterhin Gift zu sich nehmen kann (Eigenschutz!). Um zu verhindern, dass Gift, das sich noch im Maul befindet, geschluckt wird, wird das Maul mit Wasser ausgespült. Erbrechen auszulösen macht nur Sinn, wenn weniger als 30 Minuten seit der Giftaufnahme verstrichen sind und wenn es sich nicht um ätzendes Gift handelt. Ätzende Mittel würden beim Erbrechen erneut die Speiseröhre angreifen.

Geeignetes Brechmittel ist lauwarmes konzentriertes Salzwasser. Die Menge hängt von der Größe des Tieres ab. Das Erbrochene sollte man, wenn möglich, aufheben und dem Tierarzt zur Analyse geben.

Erbrechen hilft nur, wenn Gifte gefressen wurden. Ist das Tier giftigen Gasen oder Dämpfen ausgesetzt, muss zunächst für Frischluft gesorgt werden. Körperteile, die mit ätzenden Substanzen in Berührung gekommen sind, werden unter fließendem Wasser, wie in Kapitel 7.3.1 beschrieben, behandelt.

Hat das Tier aufschäumende Gifte, wie Spül- oder Waschmittel, zu sich genommen, darf ihm kein Wasser gegeben werden, da diese Mittel im Magen aufschäumen würden, was zum Ersticken führen kann.

Alte Regeln, wie z.B., dass Milch ein gutes Gegengift ist, sind falsch! Zwar neutralisiert Milch sie, wie Wasser, Laugen und Säuren, beschleunigt jedoch, durch die enthaltenen Fette, die Absorption des Giftes im Körper. Erbrechen auslösen und die Neutralisation sind die einzigen wirksamen Erste-Hilfe-Maßnahmen, die ein Laie bei einer Vergiftung ausüben kann.

8.2 Insektenstiche und Spinnenbisse

Die in den Drüsen am Stachel von Wespen, Bienen und Hornissen produzierten Gifte wirken auf Haustiere toxisch. Sie sind in der Regel jedoch relativ harmlos, solange sie vereinzelt vorkommen. Wird das Tier jedoch von einem ganzen Schwarm angegriffen, kann Lebensgefahr bestehen. Stiche ins Maul oder auf die Zunge können die Atemwege blockieren und müssen schnell behandelt werden (siehe Kapitel 3.4). Einzelne Stiche lassen sich durch Schwellungen der Haut feststellen. Auch können einige Insektenlarven mit spitzen und langen Haaren (speziell Raupen) Entzündungen auf der Haut hervorrufen. Diese werden oft von Juckreiz und Schwellungen begleitet. Spinnen beißen, wenn sie sich bedroht fühlen. Bei vielen Arten ruft der stark reizende Speichel schmerzhafte Schwellungen hervor. Einige Arten injizieren dabei auch Gifte, die oft nicht nur örtlich wirken, sondern den ganzen Organismus schädigen. Solche Spinnen sind jedoch hier zu Lande nicht heimisch. Nur Skorpione sind in nahen Urlaubsländern typisch. Selten ist ihr Gift jedoch tödlich.

Ist das Tier gebissen oder gestochen worden, wird es meist bald unruhig und beleckt die Wunde, die deutlich anschwillt.

Kühlen hilft ebenso wie Cremes oder Salben. Dabei wird die Schwellung vermindert und der Juckreiz gehemmt.

8.3 Giftschlangenbisse

Die in Europa einzige vorkommende Giftschlange ist die Kreuzotter. Ihr Gift kann für Kinder lebensgefährlich sein. Gebissen werden vor allem Hunde. Meist werden die Tiere vom Menschen unbemerkt gebissen. Ein gebissenes Tier zeigt spezielle Symptome: Es ist unruhig, zittert und beleckt die betroffene Köper-stelle. Zusätzlich zeichnet sich ein Schlangenbiss durch zwei, etwa 1cm auseinanderstehender, Zahnspuren, die von einem violetten Kranz umgeben sind, aus.

Neben den äußeren Merkmalen eines Schlangenbisses wird das betroffene Tier zunehmend müde und kann sich erbrechen. Ebenso bekommt das Tier einen beinahe unstillbaren Durst. Letzten Endes versagen Herz und Lunge. Die Geschwindigkeit des Fortschreitens der Symptome hängt in erster Linie mit der Menge des Giftes im Körper und dem Ort des Bisses zusammen.

Erste Hilfe ist direkt nach einem Giftschlangenbiss am Effektivsten. Hat man die

Bisswunden gefunden, muss man sie zum Bluten bringen, damit das Gift heraus gespült wird. Dazu übt man mit den Fingern rund um die Wunde Druck aus. Strömt nicht ausreichend Blut aus der Wunde, muss man mit einem Messer an jeder Zahnspur die Haut durchtrennen.

Die durch das TV bekannt gewordene Methode des Blutaussaugens ist minder effektiv und bringt den Helfer selbst in die Gefahr einer Vergiftung.

Ist die Bissstelle an einem Bein oder dem Schwanz kann wie in Kapitel 6.1 gezeigt, abgebunden werden, um den Blutkreislauf zu unterbrechen und zu verhindern, dass das Gift zu schnell in den Organismus vordringen kann. Jedoch darf die Staubinde nicht zu fest angelegt werden, damit die Wunde noch Bluten kann.

Beim Transport darf das Tier sich so wenig wie möglich bewegen und muss zugedeckt werden, damit der Kreislauf nicht unnötig angeregt wird und das Gift weiter in den Körper gelangt.

9. Verdauungsunfälle

9.1 Fremdkörper

In vorherigen Kapiteln wurden bereits Fremdkörper in den Atemwegen (Kapitel 3.3) und in den Nüstern (Kapitel 6.6.1) besprochen. Hier geht es um Fremdkörper, die den Verdauungstrakt behindern. Fremdkörper, die im Rachen feststecken sind oft schwer zu erkennen, behindern aber die Atemwege (vgl. Kapitel 3.3). Fremdkörper, die an der Wand der Speiseröhre oder im Schlund stecken bleiben, sind nicht nur sehr unangenehm, sie verursachen auch Schmerzen. Das Tier versucht vergeblich, zu schlucken und speichelt arg, wobei auch Blut beigemischt sein kann. Aufgenommenes Wasser oder Futter wird umgehend wieder erbrochen. Hat ein Fremdkörper die Speiseröhre passiert, kann er immer noch den Magenausgang verstopfen oder den Magen stark reizen. Besonders scharfkantige oder spitze Gegenstände reizen die Magenwände. Dabei hat das Tier anfangs keine Beschwerden. Es wird jedoch bald öfter erbrechen. Besonders gefährlich wird es, wenn Blut im Erbrochenen zu sehen ist. Dem Magen folgt der Dünndarm. Ist dieser verstopft oder verletzt, wird das Tier häufig Erbrechen und/oder Durchfall haben. Meist ist dabei die Bauchdecke aufgrund der Schmerzen hart angespannt. Oft hat das Tier dabei auch Fieber. Gelangt ein Fremdkörper in den folgenden Grimm- oder Mastdarm, so handelt es sich dabei meist um Holz- oder Knochenstücke, Plastik oder Stofffetzen. Solche Fremdkörper verursachen einen großen und harten Kot, der beim Absetzen Schmerzen zu bereiten scheint. Auch wird das Tier immer wieder versuchen, Kot abzusetzen, wobei meist jedoch nur Schleim, manchmal mit Blut beigemischt, hervorgepresst wird.

Nur Fremdkörper, die leicht zu erreichen sind und nicht zu fest sitzen, kann der Laie mit Hilfe einer Pinzette entfernen. Tiefer sitzende oder zu festsitzende Fremdkörper können nur von Tierarzt, ggf. unter Narkose, entfernt werden.

9.2 Leibschmerzen

Leibschmerzen können verschiedene Ursachen haben. Einige sind Darmkrämpfe, Verletzungen der inneren Organe, Vergiftungen oder auch Entzündungen. Die Tiere machen dabei einen niedergeschlagenen Eindruck und rollen sich zusammen. Oft sind sie nicht in der Lage, sich auf den

Hinterbeinen zu halten. Je nach Ursache können auch Erbrechen und/oder Durchfall auftreten. Die Atmung ist stets schnell und flach. Tastet man den Hund ab wird man meist eine hart angespannte Bauchdecke spüren. Man muss darauf achten ob der Hund dabei Schmerzen hat.

Die Ursachen sind meist nicht eindeutig. Vor dem Gang zum Tierarzt muss man versuchen heraus zu finden, ob sich das Tier vergiftet oder einen Fremdkörper verschluckt hat. Auch die letzte Mahlzeit kann eine Ursache sein. Während des Transports muss man das Tier ruhig halten und zudecken.

9.3   Magenüberladung und Magenverdrehung

Eine Magenüberladung kann bei großen Hunden zu einer Magenverdrehung führen. Dabei bläht sich der Magen durch Gase auf und dreht sich eventuell. um seine eigene Achse. Die Gase können dann nicht mehr durch die verschlossenen Zugänge entweichen. Eine übermäßige Aufnahme von Luft, Futter oder Wasser führt zur Magenüberladung. Unverdauliche und gärende Futtermittel erhitzen den Magen, woraus eine Überproduktion von Gasen entsteht. Aber auch   Bewegungen wie Springen und Wälzen können zu einer Verlagerung der inneren Organe führen und ebenfalls eine Verdrehung des Magens hervorrufen. Die Tiere machen dabei einen ängstlichen und leidenden Eindruck. Sie versuchen vergebens zu erbrechen, wobei jedoch nur Speichel heraus kommt. Die Atmung ist ebenfalls schnell und flach. Das Tier wird zunehmend apathisch und fällt in einen Schockzustand. Außerdem kann man mit einer Fingerspitze die linke Bauchseite leicht anstoßen. Durch die im Magen befindliche Luft entsteht ein hohles Geräusch. Magenverdrehungen sind oft schwer festzustellen. Deswegen ist es wichtig, bei den genannten Anzeichen umgehend einen Tierarzt aufzusuchen. Beim Transport muss das Tier wie in Kapitel 1.3.1 gezeigt, ruhig gehalten werden.

10. Endbindungsnotfälle

Da das ganze Thema sehr umfangreich ist, empfiehlt es sich, wenn man ein trächtiges Haustier hat oder plant sein Tier decken zu lassen, sich beim Tierarzt und mit zusätzlicher Literatur genauer über die Fortpflanzung und Entwicklung der Tierart zu informieren. Dieses Kapitel gibt nur Randinformationen über die Fortpflanzung und einige Hinweise über eventuelle Problematiken bei der Geburt.

10.1 Geschlechtszyklus beim Hund

Hündinnen erlangen etwa 2 Monate bevor sie ausgewachsen sind die Geschlechtsreife. Das heißt, je nach Größe des Tieres, zwischen dem 6. und 12. Monat. Von da an werden sie in regelmäßigen Abständen läufig, meist zweimal im Jahr. Einzelne Unregelmäßigkeiten zwischen den Zyklen sind nicht abnormal. Ist dies jedoch die Regel, muss man einen Tierarzt kontaktieren.

Der Brunstzyklus einer Hündin unterteilt sich in vier Phasen: Frühe, Haupt-, Späte und Zwischenphase. Während der frühen Phase vergrößert sich die Scham und sondert rötlichen Ausfluss ab. In dieser Zeit kann sich das Verhalten des Tieres ändern. Meist wird es vor der frühen Phase ruhiger, um dann später nervöser zu werden. Rüden werden durch den Geruch des Scheidenausflusses zwar angelockt, jedoch von der Hündin verjagt. Die frühe Phase dauert zwischen 3 und 16 Tagen, mit einem Mittel bei neun Tagen. Der frühen Phase folgt die Hauptphase. In der ist die Hündin zur Paarung bereit. Nähert sich ein Rüde der Hündin hält sie den Schwanz zur Seite und präsentiert ihm ihren Genitalbereich mit der noch immer vergrößerten Scham. Gewöhnlich dauern die frühe und Hauptphase zusammen drei Wochen. Der Hauptphase folgt die späte Phase. Sie beginnt, wenn die Hündin wieder Rüden verjagt und die Scham wieder ihre normale Größe bekommt. Zwar erscheint das Tier, vom Verhalten her schon nach wenigen Tagen wieder völlig normal, die Produktion des Hormons Progesteron hält jedoch noch lange an. Die späte Phase endet daher erst nach 30 bis 90 Tagen. In der Zwischenphase findet kein Eisprung statt. Sie hält bis zum nächsten Brunstzyklus an.

Neben einem unregelmäßigen Zyklus können auch die Längen der einzelnen Phasen um einige Tage variieren. Eine um 5 Tage zu kurze oder zu lange Phase weist oft auf eine Veränderung der Eierstöcke hin.

Eine Scheinträchtigkeit ist nicht krankhaft. Sie tritt in der späten Phase auf und dauert normal etwa 2 bis 3 Wochen. Dabei sind die Zitzen angeschwollen und sondern erst eine klare Flüssigkeit und später auch Milch ab. Spielzeug oder andere Gegenstände können dann zum Ersatzobjekt für den Nachwuchs werden. Obwohl Scheinträchtigkeit nicht krankhaft ist, kann sie verschieden stark auftreten und bei dem Tier unnötigen Stress hervorrufen. Die Halter sollten sich über mögliche Folgen und Verhaltenstipps bei einem Experten erkundigen.

Gefährlich hingegen kann eine Gebärmuttererweiterung sein. Sie tritt meist bei älteren Tieren auf. Dabei handelt es sich um eine bakterielle Krankheit, die in den ersten Tagen der späten Phase auftreten kann. Die Symptome können dabei starke Depressionen, Appetitlosigkeit, starker Durst, vermehrtes Harnen, Erbrechen und dickflüssiger Scheidenausfluss sein.

10.2 Geschlechtszyklus bei Katzen

Katzen werden je nach Rasse, Aufzucht und Jahreszeit zwischen dem 6. und 12. Monat geschlechtsreif. Sie werden dann mehrmals im Jahr, vor allem im Sommer, rollig. Wie bei Hunden unterscheidet man auch hier zwischen vier Phasen: Die frühe Phase dauert nur etwa ein bis drei Tage. Die Katze weist dabei keine besonderen Symptome auf. Sie ist meist jedoch unruhig und anhänglicher. Die Hauptphase äußert sich durch deutliche Verhaltensänderungen. Sie miaut häufig und laut, nimmt die Paarungshaltung ein, wälzt sich oft und scheint appetitlos zu sein. Diese Phase dauert manchmal nur wenige Tage, oft dauert sie bis zu zwei Wochen, da die zu befruchtenden Eier nicht, wie bei Hunden und Menschen, spontan frei werden, sondern erst durch einen Reiz, während der Paarung, freigesetzt werden. Wurde die Katze gedeckt, endet die Phase bereits zwei Tage nach der Paarung. Hat ein Eisprung stattgefunden, dauert die späte Phase nur etwa 2 Wochen, wenn nicht bis zu zwei Monaten. Ebenso wie Hunde kann die Katze dann scheinschwanger werden. Anders als bei Hunden schwillt das Gesäuge nur selten an und es kommt auch nicht zur Absonderung von Milch. In der Zwischenphase ruht die Eierstocktätigkeit.

Eine Gebärmuttererweiterung ist wie bei Hunden möglich und unbedingt zu behandeln (s.o.).

10.3 Die Geburt

Kurz vor der Geburt werden Hunde und Katzen unruhig. Sie suchen die Nähe ihrer Halter und suchen einen passenden Platz für die Geburt. Die Geburt läuft in drei Stadien ab. Das erste Stadium kann einige Stunden dauern. Während sich die Gebärmutter weitet, ist das Tier unruhig, aufgeregt und verweigert sein Fressen. Das erste Stadium endet mit dem Einsetzen der Wehen. Im zweiten Stadium tritt zunächst das Fruchtwasser ab. Dann werden die Föten durch Kontraktionen der Gebärmutter ausgestoßen. Steißgeburten und Vorderendlagen sind sowohl bei Hunden als auch bei Katzen typisch. Im letzten Stadium wird die Nachgeburt ausgestoßen.

Schwierigkeiten beim Geburtsvorgang treten im Allgemeinen währenddessen oder direkt im Anschluss auf. Diese benötigen einen umgehenden Eingriff durch den Tierarzt. Ein Eingreifen durch den Halter ist nur dann angebracht, wenn es die Mutter nicht schafft den Fötus in einer normalen Lage auszutreiben. Folgende Möglichkeiten zeichnen eine falsche Lage des Fötus aus:

- Eine Vorderpfote ist ausgestreckt, das andere Vorderbein und der Kopf sind zurückgebeugt,
- Der Schwanz ist ausgestreckt, während die Hinterläufe flach am Körper anliegen,
- Ein zur Seite gebogener Hals mit an der Schulter liegender Schnauze.

Der Halter kann dann versuchen, dem Tier durch sanften Zug zeitgleich zur Wehe zu helfen. Dabei ergreift man den Fötus je nach Lage am Kopfansatz, den Hüftknochen oder der Schwanzwurzel mit Daumen und Zeigefinger. Nie an einem einzelnen Bein packen!

Nun möchte ich noch einige andere mögliche Schwierigkeiten, die während einer Geburt auftreten können ansprechen, jedoch kann der Laie dabei nicht behilflich sein.

Überschreiten der Tragzeit: Dies liegt daran, dass die Föten tot sind. Dabei ist der Scheidenausfluss dunkel und hat einen unangenehmen Geruch. Durch die Verwesung der Föten im Körper bilden sich Gifte, die der Mutter schaden.

Mangelnde Wehentätigkeit: Es ist kein eindeutiges Pressen zu erkennen. Die Wehen sind nur sehr schwach. Dies kann von Anfang an oder nach dem Austreiben der ersten Föten geschehen. Eventuell kommt es noch zur Austreibung eines Fötus, jedoch sehr langsam, die restlichen Föten werden nicht ausgetrieben.

Vergebliches Pressen: Wurde nach zwei Stunden trotz Pressen kein Fötus ausgetrieben, kann man von einer Blockierung der Geburtswege ausgehen. Normalerweise wird dann die Kontraktion nach einiger Zeit schwächer.

Zu lange Intervalle: Kommen die Föten in zu großen Abständen auf die Welt, ist die Anstrengung für die Gebärmutter zu groß. Es folgen schwere Austreibungen, evtl. werden nicht alle Föten ausgetrieben.

10.4 Nach der Geburt

Nach der Geburt sorgt die Mutter ausreichend für ihren Nachwuchs. Sie leckt und trocknet ihn, entfernt eventuell Fruchtwasser in Maul und Nase, reißt die Eihülle auf und trennt die Nabelschnur ab. Die Nachgeburt und die Eihüllen werden normalerweise von der Mutter gefressen. Folgend kümmert sich die Mutter um Wärme für die Jungen und lässt sie säugen. Notfälle nach der Geburt betreffen entweder den Nachwuchs selbst, die Milchproduktion oder die Rückbildung der Gebärmutter.

Besonders nervöse und/oder junge und unerfahrene Mütter, neigen gelegentlich dazu, ihren Nachwuchs zu vernachlässigen oder sorgen nach der Austreibung der letzten Welpen nur für die Erstgeborenen. In diesem Fall muss der Mensch eingreifen. Man entfernt die Eihülle der Föten mit sauberen Fingern, nicht mit einem Messer oder einer Schere. Dann trocknet man die Jungen, besonders Maul und Nase, mit einem sauberen Tuch ab. Mit einer desinfizierten Schere schneidet man die Nabelschnur etwa 5cm über dem Bauch des Jungtieres ab. Erfahrene Helfer können die Nabelschnur auch durchreißen. Anschließend legt man das Junge möglichst nahe an die Mutter. Wird es abgewiesen, legt man das Junge bis zum Ende der Geburt an einem warmen und sauberen Ort.

Hat die Mutter die Geburt alleine gut überstanden, muss der Mensch den Nachwuchs untersuchen. Man schaut, ob das Junge Herzschlag und Atmung hat. Tote Tiere werden sofort von der Mutter getrennt, damit sie ihre Energie für den gesunden Nachwuchs aufheben kann. Schwache Tiere müssen warm gehalten und vorsichtig massiert werden, um den Kreislauf anzuregen. Der Tierarzt weiß dann weiter zu helfen.

In den ersten Lebenstagen ist es wichtig, die Gesundheit und den Wachstum zu kontrollieren, da es in den ersten 10 bis 15 Lebenstagen zu den meisten Todesfällen kommt.

Katzen und Hunde werden in den ersten sechs bis acht Wochen von der Mutter gestillt. Dann werden sie entwöhnt. Da die Jungen alle 7 bis 10 Tage ihr Gewicht beinahe verdoppeln muss dementsprechend auch die Milchproduktion gesteigert werden. Eine schwerwiegende Krankheit, die dabei auftreten kann, ist die Geburtstetanie. Dabei wird dem Körper Kalzium entzogen. Diese Mangelerscheinung äußert sich in Nervosität, Muskelzuckungen und stärker werdenden Krämpfen.

Sind die Jungtiere beim Saugen unruhig kann es daran liegen, dass die Mutter nicht genügend Milch produziert.

Auch bei der Rückbildung der Gebärmutter können Komplikationen auftreten. Blutungen, die durch Verletzungen hervorgerufen werden, treten hauptsächlich in den ersten Tagen auf. Infektionen kommen dann vor, wenn ein oder mehrere Föten im Körper in der Gebärmutter zurückgeblieben sind oder wenn sich Krankheitserreger in den Schleimhäuten niederlassen. Die Infektionen treten mit Fieber, Niedergeschlagenheit und blutigen, schlecht riechenden Ausfluss auf.

Bei einem Gebärmuttervorfall, der während oder direkt nach der Geburt, auftreten kann, wendet sich die Gebärmutter, durch das Pressen und den mechanischen Reizen, von Innen nach Außen. D.h., diese ist dann ganz oder zum Teil außerhalb der Scheidenöffnung zu sehen. Auf dem Weg zum Tierarzt muss das Organ dann mit einem sauberen feuchten Tuch geschützt werden.

11. Erste Hilfe bei Kleinsäugern

Neben Hunden und Katzen leben in vielen Haushalten auch Kleinsäuger. Durch ihre relativ leichte Haltung haben nicht nur Kinder Gefallen an ihnen gefunden. Da sie jedoch keine hohe Lebenserwartung haben, ist es wichtig ihren Gesundheitszustand zu überwachen und bei einem Krankheitsfall, entsprechend ihrer Größe und ihren Temperament, reagieren zu können. Da die meisten Notfälle aufgrund falscher Haltung geschehen, ist es auch wichtig, sich vor der Anschaffung, über die arteigenen Bedürfnisse zu informieren.

11.1 Verletzungen

Zwar leben die meisten Kleinsäuger in sicheren Käfigen und haben elastischere Knochen als Hunde oder Katzen, dennoch können Verletzungen auftreten. Oft geschehen diese durch Unachtsamkeit der Halter oder zu wilde Kinder. Die Tiere werden zum Beispiel auf Tische gesetzt und stürzen, bleiben mit überlangen Krallen hängen oder klemmen sich Gliedmaßen oder ihren Schwanz im Gitter oder Laufrädern ein. Ist ein Tier verletzt, muss es zunächst, wie in Kapitel 1.3.4 beschrieben ruhig gestellt werden.

Beinbrüche sind für kleine Säuger gefährliche Verletzungen. Bei Verdacht muss das Bein vorsichtig abgetastet werden. Außerdem sucht man dann nach verdreckten Wunden, z.B. bei Beißereien mit Artgenossen, die im dichten Fell oft schlecht auszumachen sind. Dann untersucht man die Wunden und schneidet an den Wundrändern das Fell zurück, um besseren Zugang zu den tiefen Verletzungen zu bekommen. Oft sind dabei auch innere Organe mit betroffen. Verletzten Tieren gibt man kein Futter oder Wasser. Zum Transport steckt man sie vorsichtig in eine kleine Schachtel.

11.2 Hitze- und Kälteschäden

Einige Kleinsäuger sind von Natur aus nachtaktiv oder halten sich meist im Schatten auf. Daher sind sie sehr empfindlich was die Sonne betrifft. Steht der Käfig zu lange in der prallen Sonne, kommt es bei den Tieren schnell zu einem Hitzschlag. Die Behandlung entspricht der Behandlung die bereits im Kapitel 7.3.2 ausführlich besprochen wurde.

Unterkühlungen betreffen meist nur Mäuse und Ratten, da diese sehr wärmebedürftig sind. Unterkühlte Tiere dürfen nicht direkt starker Hitze ausgesetzt werden. Normale Raumtemperatur hilft den Tieren um sich wieder zu erholen.

11.3 Chemikalien und Gifte

Schädlingsbekämpfungsmittel und Reinigungsmittel sind die häufigsten Giftstoffe die von Kleinsäugern, die im Käfig gehalten werden, aufgenommen werden. Um ein vergiftetes Tier zum Erbrechen zu bringen träufelt man ihm einige Tropfen einer gesättigten Salzlösung ein. Hat man Erfolg nimmt man das Erbrochene mit zum Tierarzt, wo es analysiert werden kann. Ein Tierarzt kann meist nur helfen, wenn die Vergiftung nicht zu lange her ist und der Halter angeben kann, wann und was das Tier in den letzten Stunden gefressen hat.
Weitere Hinweise zum Thema Vergiftung können sie im Kapitel 8.1 nachschlagen.

11.4 Verdauungsprobleme

In Kapitel 9 wurden Verdauungsnotfälle bereits besprochen. Daher werden hier nur die für Kleinsäuger typischen Notfälle behandelt.
Holzige Pflanzenteile verkeilen sich immer wieder zwischen den oberen Schneidezähnen. Je nach Größe des Fremdkörpers, kann das Tier stark speicheln und ständig versuchen zu schlucken. Meist ist das Tier dabei nervös. Große Fremdkörper können sich verlagern und den Kehlkopf blockieren oder das Gewebe durchstoßen. Verweigert das Tier die Untersuchung darf man es nicht dazu zwingen. Der Tierarzt kann mit einer örtlichen Betäubung problemlos helfen.
Durch falsche Ernährung können auch Zähne abbrechen, die durch zu geringe Abnutzung übermäßig wachsen. Bricht der Zahn direkt über dem Zahnfleisch ab, kann die Wunde auch bluten. Damit das Tier nicht verhungert und weiterhin seine Nahrung zu sich nehmen kann, wird der Tierarzt die übrigen Schneidezähne kürzen.
Ein unter Blähsucht leidendes Tier hat Schmerzen und macht einen leidenden

Eindruck auf den Halter. Um eine sichere Beurteilung der Krankheit zu machen, muss der Halter darauf achten, ob Blut im Urin oder Kot ist. Beim Tierarztbesuch wird der Arzt nach Exkrementen fragen, die können am besten direkt mitgebracht werden. In diesem Fall legt man den Käfig mit Papier aus, das erleichtert die Untersuchung.

Verstopfungen, durch zusammengeballte Pflanzenrückstände, werden von einem Tierarzt mit einer Plastikpinzette entfernt.

Ein Vorfall mit dem Mastdarm kommt selten vor. Wenn sind Goldhamster, Mäuse und Ratten betroffen. Der aus dem After ragende Teil des Mastdarms sieht aus wie ein roter Faden. Das Tier ist unruhig, frisst nicht und versucht stets sich am After zu lecken oder zu beknabbern. Zum Transport setzt man das Tier auf ein sauberes und mit lauwarmem Wasser angefeuchtetes Tuch oder ein sauberes Papier. Wichtig ist, dass der ausgetretene Darmteil mit lauwarmem Wasser feucht gehalten wird.

11.5   Atembeschwerden

Eine Atemspende ist bei solch kleinen Tieren sinnlos. Die nötige Atemluft kann man nur schwer dosieren, so dass der Helfer stets den Magen beatmen wird und dem Tier alles andere als hilft. Allerdings treten schwerwiegende Atembeschwerden auch selten bei Kleinsäugern auf. Wenn es doch der Fall sein sollte, handelt es sich oft um junge Hamster und Wüstenrennmäuse, die nicht genügend Ruhe haben. Diese zeigen dann asthmaähnliche Symptome, die sich durch häufiges Niesen und Atemnot erkennen lassen. Kehrt für das Tier Ruhe ein, so wird es sich nach einigen Stunden erholen. Daher soll man ein Tier mit diesen Symptomen erstmal in Ruhe lassen, es nicht packen und jede Form von Stress für das Tier vermeiden.

11.6   Nervenleiden

Neben den in Kapitel 2 erwähnten Erkrankungen kommen bei Mäusen und Wüstenrennmäusen Zuckungen vor, bei denen die zitternden Beine starr ausgestreckt sind. Ursache dafür ist womöglich Stress, der auf jungen Tieren lastet. Bei älteren Tieren, die mehr vertraut mit Menschen sind, passiert dies seltener.

Tiere wie Goldhamster, die in der Natur Winterschlaf halten, können auch in Gefangenschaft in einen schläfrigen bis apathischen Zustand verfallen. Durch eine vorsichtige Massage, mit einem weichen Wolltuch, kann man den Kreislauf wieder sanft anregen.

Eine Erkrankung, die fast alle Tiere, die im Käfig gehalten werden, betreffen kann, ist die sogenannte Käfigparalyse. Durch zu wenig Bewegung wird zu wenig Vitamin D im Körper produziert. Durch diese Mangelerscheinung bewegen sich die Tiere nur noch langsam, heben den Kopf kaum noch an und scheinen insgesamt extrem träge. Durch ein Multivitaminpräparat und einem größeren Käfig ist diese Krankheit jedoch schnell überwunden.

11.7 Geburtsprobleme

Goldhamster	16 Tage trächtig
Maus	20 Tage trächtig
Ratte	21 Tage trächtig
Kaninchen	30 Tage trächtig
Wüstenrennmaus	24 - 26 Tage trächtig
Streifenhörnchen	37 Tage trächtig
Meerschweinchen	65 – 71 Tage trächtig
Chinchilla	105 – 115 Tage trächtig

Die Tabelle zeigt die Dauer der Schwangerschaft der beliebtesten Kleinsäuger. Bei Kaninchen und Meerschweinchen sind Verzögerungen der Geburt keine Seltenheit. Dennoch muss jedes trächtige Tier stets, vor und nach der Geburt, beobachtet werden, um den Gesundheitszustand der Mutter und der Jungen beurteilen zu können.

Ebenfalls bei Kaninchen und Meerschweinchen kommt es hin und wieder in den letzten Stadien der Trächtigkeit zu einer Blutvergiftung. Dabei reagieren die Tiere vermindert auf Reize und scheinen insgesamt lustlos. Nicht immer leicht zu sehen ist der Scheidenausfluss. In diesem Fall muss der Nachwuchs umgehend per Kaiserschnitt, vom Tierarzt, zur Welt gebracht werden. Ansonsten werden Mutter und die Ungeborenen in wenigen Stunden sterben.

11.8   Krallen schneiden

Die Krallen der Kleinsäuger wachsen schnell nach, daher müssen sie regelmäßig kontrolliert werden, da sie sonst zu lang werden und sich, nach unten oder zur Seite, einrollen. Dadurch können die Tiere nicht mehr richtig laufen. Das kann schlimme Folgen nach sich ziehen. Die Fußballen können sich entzünden und sogar verkrüppeln. Durch regelmäßiges Schneiden kann man dem natürlich vorbeugen. Ihr Tierarzt wird es Ihnen bestimmt gerne einmal zeigen.

In den Krallen befinden sich Blutgefäße, die nicht verletzt werden dürfen. Bei Tieren mit hellen Krallen sieht man diese deutlich und schneidet sie kurz davor ab. Bei Tieren mit dunklen Krallen ist es schwieriger die Blutgefäße zu erkennen. Allerdings kann man versuchen die Blutgefäße mit einer durchscheinenden Lampe oder Sonnenlicht erkennbar zu machen. Als Richtlinie kann man sich daran orientieren, dass ca. 0,5 bis 1 cm der Krallen stehen bleiben müssen. Beim Schnitt muss man darauf achten, dass der Nagel seitlich in die Schere oder dem Knipser eingeführt wird. Das ist sehr wichtig, da der Druck von oben beim Schneiden unangenehm für das Tier ist.

12.   Erste Hilfe bei Vögeln

Sittiche, Finken und Papageien sind die liebsten gefiederten Freunde in unseren Haushalten. Es macht Spaß die neugierigen Freunde beim Spiel zu beobachten und ihrem Gesang zu zu hören. Doch gerade im Haushalt lauern viele Gefahren für die Tiere. Dazu gehören z.B. Spalten, in die sie rein fallen und sich dabei verletzen können, Fäden und Drähte, die als Spielobjekt genutzt werden usw.

Bei vielen Krankheiten hilft es oft, den Vogel mit Rotlicht zu bestrahlen. Der Infra-Rot-Strahler (150 – 250 Watt) wird, in einem Abstand von etwa 20 – 30cm, vor dem Käfig aufgestellt. Jedoch stellt man den Strahler so auf, dass er nur den halben Käfig bestrahlt, so kann der Vogel selbst die Nähe zur Wärmequelle variieren oder sogar meiden. Nach etwa 30 Minuten stellt man den Strahler wieder ab und vergewissert sich, dass der Käfig nicht im Zug steht.

12.1   Verletzungen

Leider kann der Laie bei einem Beinbruch wenig tun, um dem Vogel zu helfen. Ein längs aufgeschnittener dünner Strohhalm oder der aufgeschnittene Schaft einer Tauben- oder Hühnerfeder kann als Schiene genutzt werden. Die beste Hilfe kann jedoch nur der Tierarzt leisten. Zum Transport muss man dann allerdings das Tier in eine Schachtel setzen, damit es nicht von einer Stange fallen kann. Das gleiche gilt auch für einen Flügelbruch.

Hat sich der Vogel in einem Faden verheddert und ein oder mehrere Gliedmaßen verschnürt hindert das nicht nur die Bewegungsfreiheit. Auch kann den Gliedmaßen die nötige Blutzufuhr nicht gewährleistet werden und sie sterben ab. Oft schwellen die eingeschnürten Gliedmaßen an, so dass es nicht leicht ist die Fäden auszumachen und mit einer kleinen Schere zu durchdringen. Blutige Wunden werden wie gehabt gesäubert. Ein Verband macht wenig Sinn. Meist heilen die Wunden schnell ab, solange das verwundete Tier an einem sauberen Ort gehalten wird, bis die Wunde verheilt ist.

12.2   Hitze- und Kälteschäden

Pralle Sonne schadet den meisten Vögeln weniger als den Säugern. Dennoch sollten sie stets eine Schattenecke haben, an die sie sich zurückziehen können.

Hat ein Vogel doch zu viel Sonne abbekommen, leidet er unter einem Hitzschlag. Dabei torkelt er oder sitzt ängstlich und erschöpft am Boden des Käfigs. Um ihm zu helfen, greift man den Vogel vorsichtig und kühlt seinen Kopf mehrmals in kaltem Wasser ab. Normalerweise wird er sich rasch wieder erholen und kann in den Käfig zurückgesetzt werden. Der Käfig muss dann aber an einen kühlen, dunklen Ort gebracht werden, damit sich der Vogel stressfrei einige Stunden erholen kann. Anstelle den Vogel zu ergreifen und seinen Kopf abzukühlen kann man das Tier auch im Käfig mit einer Blumenspritze nass machen, bis er wieder anfängt sich zu bewegen. Die Blumenspritze darf und durfte aber nicht mit Blumendüngemittel gefüllt sein. Vorsorge kann man leisten, indem man dem Tier die Möglichkeit gibt, ein Bad im Käfig zu nehmen.

Wird der Vogel im Freien bei einem Gewitter vergessen und völlig durchnässt, kann es zu einer Unterkühlung kommen. Dabei sinkt die Körpertemperatur rasch ab. Um dem Tier zu helfen muss die Körpertemperatur wieder ansteigen. Dazu trocknet man ihn z.B. mit Löschpapier oder einem Tuch vorsichtig ab. Ein Fön, der aus weiter Entfernung auf das Tier gehalten wird kann dabei auch gute Dienste leisten. Geht es dem Tier besser, wird es sich wieder bewegen. Dann kann man das Tier zurück in den Käfig bringen und diesen an einen ruhigen Ort stellen, wo sich das Tier erholen kann.

Im Allgemeinen trägt der Vogel keine bleibenden Schäden davon.

12.3   Verdauungsprobleme

Darmentzündungen oder Leberentzündungen sind die typischsten Verdauungsprobleme bei Vögeln. Dabei ist das Gefieder struppig und die Analregion beschmutzt. Außerdem frisst der Vogel wenig und zeigt die meiste Zeit ein schläfriges und teilnahmsloses Verhalten. Der Kot kann wässrig sein. Die Ursachen liegen meist in einer falschen Ernährung oder verschmutztem Futter. Um festzustellen welches Organ betroffen ist greift man den Vogel und pustet leicht zwischen die Federn auf dem Bauch, so dass die Haut sichtbar wird. Eine geschwollene Leber erkennt man an einem dunklen Fleck auf der rechten Seite des Körpers. Hier können nur Medikamente von Tierarzt helfen. Ist der Bauch geschwollen und das Tier scheint Schmerzen beim vorsichtigen Abtasten zu empfinden, hat das Tier womöglich eine Darmentzündung. Neben den Medikamenten von Tierarzt kann man dem Tier Zitronensaft ins Trinkwasser geben und ihm für etwa zehn Tage kein Obst und Grünfutter anbieten.

12.4 Atemnot

Das Tier schnappt nach Luft und streckt den Körper, um besser atmen zu können. Außer der Zufuhr von Frischluft kann hier nur der Tierarzt helfen, da eine genaue Diagnose für den Laien beinahe unmöglich ist.

12.5 Legenot

Nachdem ein Nest fertiggestellt ist, legt das Weibchen etwa drei bis sechs Tage lang je ein Ei. Bei der Eiablage sitzt das Tier niedergeschlagen und mit geschlossenen Augen im Nest. Im Falle einer Legenot kann es das Ei, das deutlich am Bauch zu spüren ist, nicht ablegen. Hat man keinen Infra-Rot-Strahler um dem Tier zu helfen, kann man es, mindestens 20cm, über einen Topf mit heißem Wasser halten. Die Dämpfe helfen die Krämpfe zu entspannen. Nach etwa 10 Minuten setzt man das Tier zurück ins Nest. Normalerweise sollte das Ei etwa 30 Minuten später abgelegt sein, wenn nicht, muss ein Tierarzt eingreifen.

12.6 Krallen und Schnabel schneiden

Zu lange Krallen oder Schnäbel können verschiedene Ursachen haben. Zum Einen fehlen dem Tier eventuell die nötigen Utensilien im Käfig, um Krallen und Schnäbel natürlich abzunutzen. Übermäßiger Schnabelwachstum kommt allerdings auch, aus unbekannten Gründen, nicht nur bei älteren Tieren vor. Dem Tier muss geholfen werden, da es sonst in seinem Fress- und Ernährungsverhalten stark behindert ist.

Mit einer Nagelschere schneidet man die Krallen unterhalb der Blutgefäße ab. Ist man sich nicht ganz sicher wo diese sich befinden kann man sie durch das durchscheinende Licht einer Lampe sichtbar machen. Ebenso mit einer Nagelschere kürzt man den Schnabel.

Auf jeden Fall sollte man sich das Schneiden der Krallen und des Schnabels einmal von einem Tierarzt vormachen lassen.

12.7 Wichtige Krankheitssymptome

Symptome	Mögliche Ursachen
Herabhängender Lauf, Nachziehen des Beines	Beinbruch
Hängender Flügel, Flugunfähigkeit	Flügelbruch
Ständiger Federverlust	Parasiten, Mangelerkrankung, Stoffwechsel- oder Hormonstörung,
Missgebildete Federn, stumpfes Gefieder	Bewegungsmangel, Mangelerscheinung, Hormonstörung
Ausrupfen der Federn	Langeweile, Einsamkeit, Allergien
Weiß-grauer, borkiger Belag am Oberschnabel, Wachshaut, Augenrändern, Beinen und Kloake	Sittichräude
Piepsende, rasselnde Atemgeräusche, Atembeschwerden, Schwanzwippen, Auswürgen und Ausschleudern von Futter	Erkrankung der Atmungsorgane, Kropfentzündung, Lungenentzündung
Nachziehen eines Beines, Faustbildung der Zehen, Lähmungen, Krämpfe	Mangel an Vitamin E und/oder B, Geschwülste, Gehirnerschütterung
Durchfall, Blut im Kot, Kot auffällig verfärbt	Erkältung, Mangelerscheinungen, Vergiftungen, Nierenentzündung, Geschwülste, Infektionen
Koten unter deutlichen Pressen, harter Kot, Blut im Kot	Verstopfung
Nahrungsverweigerung, Durchfall, Atemnot, eitrige Bindehautentzündung, Kropfentzündung, Krämpfe, Lähmungen	Papageienkrankheit

13.   Gefahrenkatalog für den Haushalt

Gefahrenquelle	Auswirkung
Badezimmer und Gefäße mit Wasser	Abrutschen in WC, Waschbecken oder Wanne, Ertrinken, Vergiftung durch Chemikalien
Bücherregale, Schränke, Schubladen, Spalten	Das Tier schlüpft hinter die Bücher oder zwischen Wand und Schrank und kommt von allein nicht wieder raus
Drahtgitter	Erdrosseln bei ungeeigneten Abständen, scharfe bzw. spitze Kanten
Elektrokabel und Steckdosen	Stromschlag
Fäden, Garn, Wolle	Erdrosseln
Gardinen, Gestricktes, Geheckeltes	Vögel verfangen sich darin
Glasscheiben, Glaswände	Dagegen fliegen, Verschlucken
Herdplatten	Verbrennungen
Kerzenlicht	Verbrennungen, Umschmeißen
Klebemittel	Vergiftung
Menschliche Nahrung	Gesundheitsschädigungen
Papierkörbe	Hineinrutschen, nicht mehr heraus kommen
Pflanzen	Vergiftungen
Sonne, Temperaturunterschiede, Zugluft	Hitze- oder Kälteschäden, Erkältung
Spitze Gegenstände wie Nägel	Verletzungen, Verschlucken
Türen	Einklemmen von Gliedmaßen
Ungeziefer	Parasiten- und Krankheitsübertragung